KB211951

거위에서 나온 백조 한 마리

마틴 루터의
시간을 거닐기

거위에서 나온 백조 한 마리

마틴 루터의
시간을 거닐기

• 정현진 지음 •

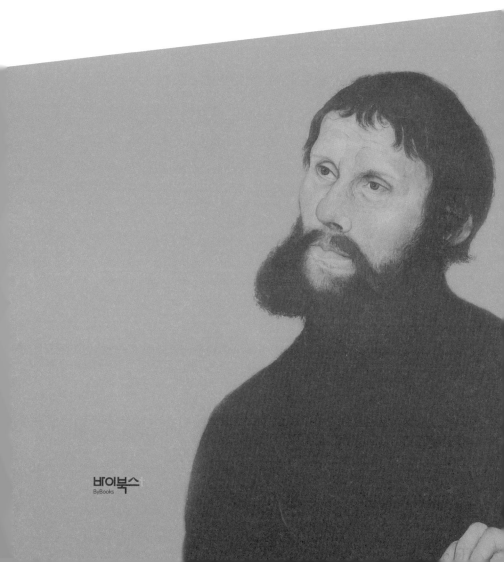

바이북스
ByBooks

루터의 시간을 걷기

나는 독일을 안다, 또한 모른다. 나는 마틴 루터를 안다, 그리고 모른다. 이 것이 나의 솔직한 고백이다. 나는 1991년 독일로 가 2007년 한국으로 돌아왔다. 그 뒤로도 10년 가까이 독일 및 독일 사람들과 직간접적으로 교제했다. 길다면 길고 짧다면 짧은 세월 곁에 있으면서도 '나는 독일(독일인)을 알고, 또한 모른다'는 결론을 내린다.

여기 적은 이야기들은 그 사이 유학생이었을 때, 독일 헤센나사우 주교회 (EKHN) 목사로 있을 때, 간간히 종교개혁운동과 마틴 루터에 관해 카페와 블로그에 올려놓았던 글들을 정리한 것이다. 한국기독교장로회 목회와 신학연구소 소장 최영 박사가 내 카페에 실린 글을 보고는 지금이 마침 종교개혁운동 500주년 되는 해이니 올해가 가기 전에 책으로 내라고 했다. 이에 용기를 냈다. 그의 권유가 아니었더라면 교회사를 전공하지도 않은 내가 이런 책을 낼 엄두도 내지 못했을 것이다.

여기에 실린 내용들은 내가 아는 마틴 루터의 단면이다. 그에 관한 모든 것을 포괄하기엔 그의 신앙과 사상의 품이 너무나 크고 넓다. 다만 지나간 시간을 거슬러 걸으며, 또 앞으로 다가올 시간을 더듬는 마음으로 그가 살았던 시절의 순간순간을 골라보았다.

혼탁하고 풍파 많은 세상에 사는 우리가 신앙생활을 제대로 하기란 결코 쉽지 않다. 근원으로 돌아가라(ad fontes, 성경 말씀으로 돌아가라) 어두움 뒤에 빛이 온다(post tenebras lux; 욥 17:12 Post tenebras spero lucem) 개혁된 교회는 끊임없이 개혁되어야만 한다(ecclesia reformata est semper reformanda) 등 500여 년 전 종교개혁자들의 말씀이 오늘날 더 실감나는 이유다. 오늘 우리 시대 특히 종교개혁 500주년인 2017년은 물론 앞으로 여러 해 동안 우리는 이 말씀들의 뜻을 깊이 새겨야 하리라. 그 누구보다도 '나'부터 이리 해야 하리라.

이것이 책으로 나오기까지 함께 호흡을 맞춘 분들에게 감사드린다. 늘 기도로 후원하는 수도교회 식구들, 난삽한 글을 꼼꼼히 살펴준 김원석 목사, 바이북스를 비롯해 여러분이 함께 동행해주셨다. 마음깊이 감사드린다.

2017년 7월 폭염경보가 내리던 날 인왕산 기슭에서

차례

01

거위가 타고 남은 재에서
나온 백조 한 마리

지금 성 아우구스티누스 수도원 자리에는 1131년 성 빌립-야고보 교회가
세워졌다. 1266년부터 수도사들이 거주허가를 받음으로 이 수도원이 시작
되었다. 1277년부터 수도원 건물들이 지어지기 시작하고, 그 당시 교황과 후
원단체들이 이를 적극 도와준 덕분에, 1482년까지 골격이 완성되었다.

'저녁 8시 30분-9시 사이에 잠자리 든 그들은 새벽 2시 기도시간에 맞추어 일
어났다. 그때부터 기도와 말씀연구 및 묵상, 주어진 과제 등을 수행하다가 오전
6시에 미사를 드렸다. 그리고 낮 12시에 기도회를 마친 후(Terz & Sext) 아침 겸
점심을 먹었다. 낮에 한 시간 정도 휴식을 취한 후, 다시 활동에 들어갔다가 15
시에 기도회로 모인 후(Non), 연구 활동을 하다가 18시에 저녁기도회(Verspergebet)
후 저녁을 먹으니 하루 두 끼 식사가 전부였다. 그나마 대강절, 사순절 등 특별
한 절기에는 하루 한 끼만 먹었다. 그 식사는 빵 한 조각에 맥주 한 잔을 곁들인
것이다. 20시 30분 마침기도(Komplet)를 드린 뒤 잠자리에 들었다. 이밖에 수도
원의 예배실, 기도실, 연구실, 도서관에서는 물론 식당, 복도에서도 철저히 침묵

비텐베르크 루터 박물관에 있는 후스의 초상화. 오른쪽 중간에 그를 상징하는 거위가 그려져 있다.

을 지켰다. 이것을 어기면 3일 동안 음식을 먹지 못하였다.

이것은 1266년부터 시작된 에어푸르트의 성 아우구스티누스파 수도원의 하루 일과이다. 수도원이 부유해지면서 이 규칙이 약간 느슨해진 적도 있었다. 1451년 이곳을 찾은 니콜라우스(Nikolaus von Cusanus) 추기경은 원래대로 규칙을 지키라고 요구하였다. 1474년 이 수도원은 개혁총회를 열고, 수도원 본연의 정신으로 되돌아갈 것을 결의하였다.

1503년부터 요한 폰 쉬타우피츠(Johannes von Staupitz)가 수도원 원장이 되었다. 그는 수도원을 철저하게 개혁하였는데 그 일환으로 수도원 내 생활규칙을 새로 제정했다. 또 성경연구와 인문주의적 학문연구를 장려하였다. 그는 루터의 스승이자 멘토였으며 루터의 진로와 신앙에 큰 영향을 끼쳤다.

루터는 이 일과표와 분위기 속에서 수도사의 길을 걸었다. 사실 루터는 이

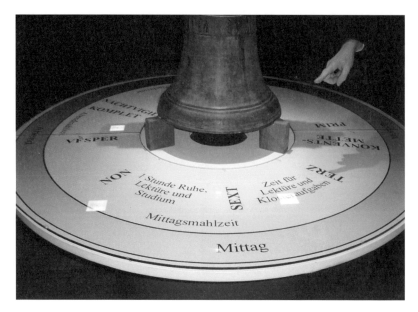

아우구스티누스 수도원 수도사들의 일과

곳에서 요구하는 것보다 훨씬 더 강도 높은 금욕 청빈 고행의 규율로 자신을 훈련하였다. 그는 '만일 어떤 사람이 수도승으로서 하늘나라를 얻을 수 있다면, 나는 진정으로 그 가운데 한 사람이리라'고 회고할 정도였다.

수도원 내부로는 안내자의 인도를 받아야만 들어갈 수 있다. 수도원은 안마당인 르네상스 호프, 회의실, 손님방 등 세 부분으로 이루어져 있다. 그 가운데 손님방은 12세기에 건축된 것으로 이 도시에서 가장 오래된 석조건물 가운데 하나이다. 1273년 아우구스투스 수도사들이 이 도시에 발을 들여 놓았을 때 그들은 이곳에 머물며 수도원 경내가 지어지는 것을 지켜보았을 것이다.

1505년 7월 2일 마틴 루터는 이 도시 근처 쉬토터른하임(Stotternheim)에서 벼락을 경험한 뒤 이 수도원을 찾았다(1505년 7월 17일). 그리고 이 집에 5주 동

안 머물렀다(루터의 아버지도 이곳에 두 번 머물렀다. 한 번은 루터가 수도사로 받아들여진 직후이고, 다른 한 번은 1507년 5월 자기 아들인 루터가 이 수도원 교회에서 열리는 미사를 처음으로 집례할 때였다. 1999-2002년 사이에 대대적인 수리를 한 이 건물은 현재 전체 51개 방 가운데 31개를 수련회 장소로 사용한다).

아이스레번 루터 생가에 있는 백조상(거위는 후스, 백조는 루터를 상징한다)

이때 그는 수도원과 수도사의 길에 대해 배우며, 수도사가 되려는 그의 결심이 진심인지를 재검토했다. 예비 수도사가 거치는 견습 기간을 마친 루터는 1506년 9월 서원 예식을 거쳐 정식 수도사가 되었다. 1507년 4월 4일 에어푸르트 대성당에서 사제서품을 받은 후, 5월 2일 수도원 교회에서 첫 미사를 집례했다. 그때 심경을 나중에 루터는 이렇게 말했다.

사제서품 후 에어푸르트에서 첫 미사를 봉헌하며 '살아계시며 유일하신 주 하나님께 저를 바칩니다'라고 고백할 때 나는 그 제단에서 도망치고 싶은 충동을 느꼈다. 만일 수도원장이 뒤에서 붙들어 주지 않았다면 정말 그렇게 하였을 정도로 나는 정신이 없었다. 그 때 나는 '주님과 이야기를 나누는 이 자가 과연 누구란 말인가'라고 생각했다. 그 이후에도 나는 이런 충동을 크게 느끼며 미사를 드렸는데, 하나님께서 나를 이런 중압감에서 해방시켜 주신 것에 감사드린다.

루터가 미사를 집례한 제단 그 자리에서 바로 한 계단 아래 바닥에 자카리아(Johannes Zachariae) 신부의 묘비가 있다. 그는 1414년 열린 콘스탄츠공의회에서 체코 출신 종교개혁가 얀 후스(1367-1415)를 이단자로 정죄하여 화형에 처하는 데 결정적인 역할을 했다. 그 공로로 그는 교황에게서 후스를 이긴 자(Hussomastix = Husüberwinder)라는 칭호를 받는 한편 금으로 만든 장미꽃 다발을 선사받았다.

1415년 7월 6일 화형당하기 직전에 후스는 이런 말을 남겼다.

당신들은 오늘 거위 한 마리(후스라는 말에 체코 말로 거위라는 뜻이 있다)를 불에 굽지만, 그 타고 남은 재에서 100년 안에 백조가 한 마리 나올 것이다. 그 백조를 당신들은 결코 불태울 수 없을 것이다.

후스가 말한 이 예언은 그로부터 91년이 지난 뒤 루터가 바로 그 사람의 묘비 위에 엎드린 채 수도사 서원을 드리고, 또 그로부터 11년 후에 비텐베르크에서 '95개 조항'을 통해 종교개혁운동을 시작함으로써 이루어졌다. 이에 사람들은 거위로 후스를, 백조로 루터를 상징하였다.

수도원 2층으로 올라가면 수도사들이 거처하던 조그마한 방들이 있다. 아래층에 있는 예배당 및 중앙 홀과 더불어 이곳에서 그들의 일상생활이 이루어졌다. 그들은 이곳에서 차도 마시고 잠도 자며 성경과 학문을 연구하고 명상과 기도를 드렸다. 이곳에 루터의 방이 있다. 방이라 부르기에는 그 크기가 너무 작기에 루터 첼레(Lutherzelle)라고 부른다. 70-80년대 서울 구로동에 있는 노동자 숙소(자취방), 아주 작은 방들이 다닥다닥 연이어 있는 그것을 우리는 닭장집이라고 불렀다. 수도사들이 기거하던 방들은 그것보다 더 작다(루터의 방만은 그 정도 크기이다).

이 작은 방에 하나님께 철저히 바쳐진 작은 사람이 하나 살았다. 그는 그곳에 은둔하며 성경연구와 묵상, 철저히 자기를 비우는 생활을 하다가 나중에 '오직 믿음으로, 오직 말씀으로, 오직 은총으로, 오직 하나님 영광으로, 오직 그리스도로'(sola fide, sola scriptura, sola gratia, soli Deo gloria, solus Christus)라는 정신

아우구스티누스 수도원 예배실 제단 바로 앞에 있는 자카리아 수도사의 무덤

에어푸르트에 있는 성 아우구스티누스 수도원 안뜰

프라하 광장에 서 있는 얀 후스의 상

으로 세상에 빛을 비추는 사람이 되어 나타났다. 이에 쉬토테른하임에 있는 비석(Lutherstein)에는 빛이 튀링엔 지방에서 나왔다(ex thuringia lux)라고 새겨졌다.

1521년 4월 7일 종교재판을 받으러 보름스 제국의회를 향해 가던 길에 루터는 에어푸르트에 잠시 머물렀다. 수도원 교회를 가득 메운 청중 앞에서 그는 이렇게 설교를 했다.

앞으로도 나는 진리를 말하고자 합니다. 또한 내 목이 스무 번 잘리는 한이 있더라도 나는 그렇게 해야만 합니다.

02

배움과 학문,
그리고 깨달음의 길

루터는 1483년 11월 10일 아이스레벤(Eisleben)에서 태어났다. 그날 루터는 마을에 있는 성 베드로-바울 교회(St.-Petri-Pauli-Kirche)에서 유아세례를 받았다. 세례명은 마틴이었다. 그가 태어난 다음날이 성 마틴의 날이었기 때문에 이런 이름을 붙인 것이다.

루터의 어머니는 약간 미신적인 신앙을 가지고 있었고 아버지는 매우 현실주의적인 신앙인이었다. 루터가 한 살일 때 아이스레벤에서 적당한 일자리를 찾지 못한 그의 부모는 더 많은 가능성을 찾아 만스펠트(Mansfeld)로 이사했다. 구리 광산이 많은 이곳에서 생활기반을 든든히 굳힌 그의 아버지는 본디 가난한 농부집안 출신이기에 신분상승 욕구가 누구보다 강했다. 그는 자식들에게 엄격했다. 그리고 학교교육에 관계된 것이라면 무엇이든 아끼지 않고 적극적으로 밀어주었다.

채 입학연령이 되기도 전인 다섯 살 되던 해(만 4살 반, 1488) 루터는 만스펠트 초등학교에 입학했다(이 학교는 지금 마틴 루터 초등학교(Martin Luther Schule라고 부르고 있다.).

1. 루터가 태어난 집: 아이스레벤에 있다.　　2. 루터가 세례를 받은 St. Petri-Pauli Kirche
3. 루터가 태어난 집　　4. 루터가 세례 받은 세례대

　　그는 라틴어를 읽고 쓰는 것과 산수, 그리고 성가대 찬양을 위한 교회음악
을 배웠다. 이 학교는 아베 마리아, 주기도문, 십계명, 사도신조 등을 라틴 말
로 외워서 쓰도록 교육시켰다. 라틴어는 당시 모든 공부를 하는 기초였으며,
교양 있는 사람은 반드시 익혀야 하는 필수과목이었다. 나이가 상당히 든 후
에도 루터는 그 시절에 배웠던 문장들 가운데 몇 개를 인용하곤 했다. 물론
학창시절 그의 성적이 어떠하였는지는 알려지지 않았다.

　　당시 교육은 매우 엄격했다. 학생들은 좋지 않은 성적을 받을까봐 노심초
사했다. 죽기 3년 전 루터는 만스펠트에서 초등학교에 다니던 시절을 회고
했다. 그때 그는 자신이 동사 인칭변화와 명사 격변화를 제대로 외우지 못해
회초리로 15대를 맞았다고 말했다. 이 일이 그는 굉장히 부당하고 억울하다
고 했다. 왜냐하면 그때까지 그는 학교에서 그것을 배우지 않았기 때문이다.

루터의 부모(한스 루터 · 마가렛 루터)

'어디에나 선하고 바르게 가르치는 법을 따르지 않는, 그리고 가장 올바르게 가르치고 배우는 방식을 모르는 선생님과 스승이 있다는 것을 우리는 알고 있다. 어린 소년이 배우지도 않은 것을 어떻게 해낼 수 있단 말인가!' 이런 경험에 기초하여 그는 나중에 학교제도를 매우 합리적으로 바꾸는 개혁안을 제시하기도 했다.

만스펠트의 루터 샘터(Lutherbrunnen)에는 그의 일생에 매우 중대한 전기(轉機)가 된 사건 세 가지를 조각해 놓았다.

① 넓은 세상으로 나아가다(Hinaus in die Welt) - 13살짜리 소년 루터가 만스펠트를 떠나다.
② 전투에 돌입하다(Hinaus in den Kampf) - 비텐베르크에서 95개 조항을 내걸다.
③ 승리의 관문을 통과하다(Hindurch zum Sieg) - 보름스 제국의회에서 믿음을 지키다.

넓은 세상으로 나가다   루터, 전투에 돌입하다   승리의 관문을 통과하다

13살 되던 1497년 그는 부모님이 사는 만스펠트를 떠나 더 넓은 세상으로 나갔다. 막데부르크(Magdeburg)에 있는 대성당 부속학교로 전학했다. 그 학교는 마이스터 에크하르트와 요한 타울러 등 독일 신비주의의 영향 아래 네덜란드 신비주의를 따르는 공동생활형제단(Nullbrüdern)이 운영하는 학교였다. 이들은 그리스도를 중심으로 하는 내적인 신앙심과 경건의 훈련을 무엇보다도 중요하게 여겼다. 비록 이 학교에 1년 밖에 다니지 않았지만 루터는 거기서 수사학과 윤리학은 물론 당대 가장 차원 높은 평신도 영성 훈련을 접했다. 그는 로이스부르크(Jan van Ruysbroeck, 1293-1381년), 그루테(Gerhard Groote, 1340-1384년), 토마스 아 켐피스(Thomas a Kempis, 1380- 1471년) 등 네덜란드 신비주의자들의 신앙경건 훈련인 '현대적 헌신'(Devotio Moderna) 훈련을 받았다.

1524년 6월 26일 루터는 막데부르크 요하네스 교회에서 교회당을 가득 메운 청중을 앞에 놓고 '진정한 정의와 거짓된 정의'에 관해 설교했다. 1521년부터 개신교회 신앙을 따르던 이 도시는 그때부터 개신교의 중요 도시 가운데 하나가 되었다. 1563년에는 이 지역 대주교가 개신교로 넘어왔으며 1567년에는 대성당에서도 개신교회식 예배를 드렸다.

아이젠나흐에 있는 루터의 집

1498년 루터는 어머니의 친척들이 살고 있는 아이젠나흐(Eisenach)의 성 게오르그교회 부속 라틴어 학교로 전학하여 3년간 공부했다(die Georgenschule). 이 학교에서 그는 자신의 장래에 큰 영향을 미칠 요한 트리보스 교장 선생님을 만났으며, 비간트 겔드누프란 스승과는 평생 계속되는 친교를 맺었다. 이 두 스승은 루터의 재능을 알아보고 졸업이 다가오자 대학에 가서 계속 공부하라고 추천했다. 그는 이 마을에서 경건하고 학식있는 상류층 가문인 콧타의 집(die Familie Cotta)에 머물면서, 역시 비슷한 위치에 있는 샬베 가문과도 교류를 가졌다.

지금 루터의 집으로 쓰이는 콧타의 집 2층에는 작은 방이 하나 있다. 그곳이 그가 숙식하던 방이다. 콧타 부부는 교양이 있을 뿐만 아니라 신실하고 경건한 신앙인이었다(이 집에는 그 당시 시대상을 반영하는 자료들과 루터의 어린 시절 및

만스펠트에 있는 루터 부모의 집

청소년 시절을 나타내는 그림들이 많이 있다). 루터는 프란체스코 수도원의 영향을 받은 그 부부의 심오한 경건 생활에 깊은 감화를 받았다. 루터는 그들과 함께 찬송을 부르며 자신의 영성과 음악성을 키워나갔다. 그 마을에서 그는 친구를 많이 사귀었는데, 그들 중 몇 사람은 그의 평생지기가 되었다.

여기서 김나지움(고등학교) 공부를 마친 그는 18살 되던 해인 1501년 4월 독일에서 세 번째로 오래된 에어푸르트(Erfurt) 대학교에 들어갔다. 거기서 그는 그 당시에는 새로운 학문사조로 등장한 윌리엄 오캄의 유명론(唯名論)에 접촉했다. 그는 이 대학 교양학부에서 삼학(三學 - trivium. 문법, 수사학, 변증법)과 사학(四學 - quadrivium. 산술, 기하학, 천문학, 음악)을 각기 마친 뒤 1502년 9월에 문학사 학위(B. A.)를, 1505년 1월에 문학 석사학위(M. A.)를 받았다. 이는 다른 학생들에 비해, 그리고 당시 일반적인 학업기간에 견주어볼 때 아주 빠른 것

에어푸르트 성 아우구스티누스 수도원에 있는 루터의 방

이었다. 곧 이어 그는 아버지의 뜻을 따라 법학을 공부하려고 1505년 5월에 이 대학교에 새로 등록했다.

1518년 자신의 대학교 시절 스승인 투르트페터(Jodokus Trutvetter)에게 보낸 편지에서 루터는 그에게서 성경적인 진리와 자연적인 이성을 구별하는 방법을 배웠다고 하면서 '무엇보다도 나는 선생님으로부터 성경에는 신앙이 가장 중요하며, 그 밖에 모든 것은 이성적인 판단이라고 배웠습니다'라고 썼다.

대학교에 등록을 마치고 만스펠트에 계신 부모님을 뵈러 갔다. 돌아오던 도중 에어푸르트 근교 쉬토테른하임(Stotternheim)를 지날 때 갑자기 천둥과 우레가 쳤다. 이 때 그는 수도사가 되겠다고 맹세를 했다(1505년 7월 2일). 그 서원에 따라 에어푸르트에 있는 아우구스티누스파 은둔자수도원에 들어갔다(1505년 7월 17일). 물론 그의 이런 서원과 실행은 벼락사건이 직접적인 계기가 되었더라도 돌발적이거나 충동적인 것이라기보다는 이미 오래전부터 마음

비텐베르크의 루터하우스(성 아우구스티누스 수도원)

속에 자리 잡고 있던 강렬한 종교심에서 나온 것이었다.

그 시대 다른 사람들과 마찬가지로 루터는 자기구원을 갈망하는 사람 중 하나였다. 그리고 수도자 생활이 구원에 이르는 최선의 길이라고 믿고 있었다. 이는 그가 수도원에 들어가는 동기가 되었으며 갑작스러운 죽음의 위험과 신의 심판 및 지옥 벌에 대한 두려운 감정이 그로 하여금 수도사가 되기로 하는 서원을 촉발시켰을 뿐이다.

1506년 9월에 루터는 수도사 서원을 하고 정식 수도자가 되었다. 그리고 1507년 4월에 사제서품을 받았다. 그때 수도원은 루터에게 에어푸르트 대

쉬토테른하임에 서 있는 비석

학교에 들어가 본격적으로 신학공부를 하게 했다. 그는 대학교에서 신학을 공부하는 한편 시간을 내어 수도원 도서관으로 가 성경을 읽었다. 그리고 성경을 읽을수록 그의 고민은 커졌다. 당시 교회의 가르침들 중에 성경의 가르침과 거리가 먼 것이 있는 것을 알았기 때문이다.

그러던 차에 그의 스승이자 영적 아버지인 쉬타우피츠(Johann von Staupitz 1469-1524)의 배려로 비텐베르크 대학교에서 신학을 공부하는 학생 수사이면서, 윤리철학을 강의하는 강사로 있다가(1508년, 26세) 1년 후에 에어푸르트로 되돌아왔다. 비텐베르크 대학교에 있는 동안 그는 성경과 신학 특히 유명론 신학을 연구하였고, 1509년에 성경과 베드로 롬바르도의 신학 명제론 4집을 강의할 수 있는 자격을 획득했다. 1510년 말에 루터는 자기 수도회의 개혁을 둘러싼 분쟁 때문에 로마에 갔다가 5개월 후에 귀국하여(1511년 4월) 비텐베르크 수도원의 부원장과 신학연수원 원장을 겸임하면서 수도원의 설교가로 활동했다.

루터는 성실하고 실력이 있었지만 회의와 죄의식에서 헤어나지 못했다. 이런 그를 돕고자 그의 영적 아버지인 쉬타우피츠는 그에게 비텐베르크 대학교에서 신학공부를 다시 하게 배려했다(1511년). 여기서 신학박사가 된(1513년 10월) 그는 쉬타우피츠의 추천에 따라 그의 후임으로 성경신학을 강의하기 시작했다. 당시에는 신구약 성경신학이 따로 나누어지지 않았다. 그는 먼

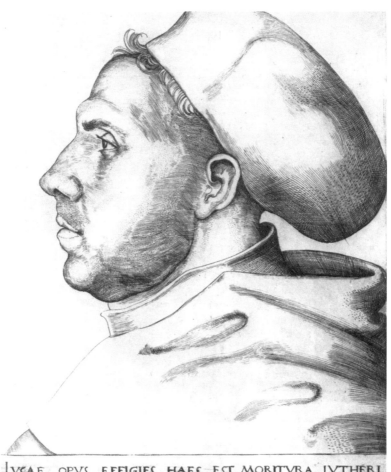

LVCAE OPVS EFFIGIES HAEC EST MORITVRA LVTHERI
AETHERNAM MENTIS EXPRIMIT IPSE SVAE.
M·D·X·X·I·

신학박사 마틴 루터(1521년 크라나흐)

저 시편을 강의한 데 이어(1513-1515년) 로마서(1516-1517년)와 갈라디아서와 히브리서(1518년)를 차례로 강의했다. 이렇게 대학교에서 신학을 가르치는 한편, 1514년부터 비텐베르크 시교회(성모 마리아 교회)의 설교자가 되었다.

연구와 강의를 하는 그에게는 해결되지 않는 고민이 있었다. 그것은 그가 일찍이 신의 은총보다는 인간의 공로를 크게 치는 유명론적 윤리학에 영향을 받은 데서 왔다. 그 가르침에 따라 루터는 거의 완벽한 신앙생활을 하려고 노력했다.

이것은 사실 오를 수 없는 산이었다. 그는 자신이 생각하기에 불가항력인 육욕의 감정이 일어나자 인간의 행위인 수도생활로도 이를 해결할 수 없어 정신적 번뇌에 빠졌다. 하나님을 사랑이 없는 두려움의 대상으로, 인간을 엄벌하는 존재로 받아들임으로써 그는 신앙적- 신학적 갈등을 심하게 겪었다.

이러한 내적 고민과 갈등을 해결하고자 그는 비텐베르크의 성 아우구스티누스 수도원의 탑에 있는 방에 자주 들어갔다. 거기서 하나님 말씀을 계속해서 연구하고 묵상했다. 이 과정에서 그는 '의인은 믿음으로 말미암아 살리라'(롬 1:17)는 말씀에서 하나님의 수동적인 정의 곧 인간을 향한 칭의(稱義)를 발견하고, 마음의 평화를 얻었다. 이런 그의 깨달음을 롬 3:23-25 말씀이 더욱 뒷받침했다.

> 23 모든 사람이 죄를 범하였으매 하나님의 영광에 이르지 못하더니 24 그리스도 예수 안에 있는 속량으로 말미암아 하나님의 은혜로 값 없이 의롭다 하심을 얻은 자 되었느니라 25 이 예수를 하나님이 그의 피로써 믿음으로 말미암는 화목제물로 세우셨으니 이는 하나님께서 길이 참으시는 중에 전에 지은 죄를 간과하심으로 자기의 의로우심을 나타내려 하심이니 26 곧 이 때에 자기의 의로우심을 나타내사 자기도 의로우시며 또한 예수 믿는 자를 의롭다 하려 하심이라

이는 진실로 1513-1519년에 거치는 긴 기간 동안 복음을 묵상하고 연구한 결실이다. 이 깨달음을 탑실체험(tower experience, 골방에서의 깨달음)이라고 부른다. 그것은 비텐베르크 성 아우구스티누스 수도원의 탑 속에 있는 방에서 깨달은 새로운 진리이기 때문이다.

이렇게 진리를 깨달은 그는 '신앙에 따르는 의인(義認)'을 주창하면서, 인간이 구원을 받는 데에는 오직 하나님의 은총(sola gratia)만이 작용한다는 사실을 강조하기 시작했다. 물론 이런 깨달음은 탑실에서 어느 날 갑자기 깨달은 것이라기보다는, 루터의 스승이며 개인 지도신부였던 요한 쉬타우피츠의 가르침, 성 아우구스티누스의 반(反) 펠라지오적 교훈, 독일의 신비주의(요한 타울러), 오캄의 사상, 그리고 무엇보다도 성경의 가르침 등 오랫동안 그와 함께하였던 여러 가지 영향에서 왔다고 볼 수 있다. 그렇다. 진리를 깨닫는 길은 멀고 험난하다. 그러나 일단 그 길에 들어서고 나면 그것은 자기 자신과 세상을 이기는 무기가 된다.

03

한 인간과 인류 역사를
바꾸어 놓은 기이한 자연현상

사울이 길을 가다가, 다마스쿠스 가까이에 이르렀을 때에, 갑자기 하늘에서 환
한 빛이 그를 둘러 비추었다(행 9:3)

작은 것 하나, 작은 사건, 작은 경험 하나가 모든 것을 뒤흔들어 놓거나 사
람의 인생을 바꾸어놓곤 한다. 이럴 때 작은 것은 얼핏 보기에만 작을 뿐 사
실은 엄청난 폭발력을 품은 거대한 것이라고 할 수 있다. 다니엘서에 작은
돌 하나가 나온다. 그 당시 바벨론의 느부갓네살 왕의 꿈에 거대한 신상이
나타났다. 누구든 그 앞에 꿇어 엎드려 절해야만 하는 우상이었다. 그때 홀연
히 어디선가 손을 대지 아니한 돌멩이 하나가 날아와 그 신상의 발을 쳤다.
그러자 그 거대하고 화려하던 신상이 와르르 무너지고 말았다(단 2:25-45). 이
에 꿈에서 깨어난 그는 기겁을 했다. 이 이야기 또한 '작은 것이 소중하다, 작
은 것은 위대하다'는 평범한 진리를 일깨워주는 예이다.

루터가 쉬토테른하임에서 경험한 천둥·번개 사건도 이와 같다고나 할까?
루터는 1505년 7월 17일 마침내 에어푸르트에 있는 성 아우구스티누스 수

도원 문을 두드렸다. 이보다 두 주 전인 7월 2일 그는 만스펠트에 있는 부모님을 뵌 뒤 걸어서 에어푸르트로 돌아왔다. 그때 루터는 목적지에서 북쪽으로 약 10Km 떨어진 쉬토터른하임(Stotternheim)에서 벼락을 만났다. 두려움에 사로잡힌 루터는 순간적으로 '도우소서, 성 안나여! 나는 수도사가 되겠나이다'(Hilf, Du St. Anna! Ich will ein Mönch werden)라고 서원기도를 드렸다. 성 안나는 그 당시 광산업에 종사하는 사람들이 수호성인으로 모시던

비텐베르크 루터 박물관에 있는 후스의 초상화. 오른쪽 중간에 그를 상징하는 거위가 그려져 있다.

분이다. 그 서원기도대로 그는 법학도의 길을 접고 수도사의 길로 들어섰다.

당시 루터는 에어푸르트 대학교에서 아주 짧은 기간 안에 인문학사와 석사 과정을 마치고, 아버지의 뜻에 따라 법학부에 등록하고 있었다. 아버지는 아들이 이 법학공부도 학사 · 석사 과정에서 그랬던 것처럼 빠른 기간 안에 끝내기를 기대했다. 그런 아들이 수도사가 되려 한다는 소식에 아버지는 망연자실했다. 농부 출신 광산업자인 그가 아들이 법률가로 입신양명하는 것을 보려던 꿈이 깨어진 것이다. 그

쉬토테른하임

봉헌된 땅/ 신성해진 땅

종교개혁 운동의 전환점

여기 있던 젊은 루터에게 그 길이 하늘로부터 오는 번개 속에서 제시
되었다.

는 아들이 법학을 포기하는 것을 어떻게든 막으려 했다. 자기 아들의 경험을
'사단의 속임수'라 하는 한편 '네 부모를 공경하라'는 십계명을 상기시키는 등
여러 가지 방법으로 아들의 뜻을 되돌리려 했다. 그러나 자식 이기는 부모 없
다는 말은 동서고금의 진리인 듯 그도 아들의 뜻을 돌이키지 못했다.

1505년 7월 2일

도우소서, 성 안나예! 나는 수도사가 되겠나이다

튀링엔 지방에서 빛이 나오다/ 빛은 튀링엔으로부터

　루터가 이 벼락을 체험한 지점이 어디인지를 우리는 정확히 알지 못한다. 그 장소를 어림짐작할 뿐이다. 지금 그곳에는 루터 비석(Lutherstein)이 서 있다. 이것은 1917년 에어푸르트에 살던 어떤 여성이 기증한 것이다. 높이 2m가 약간 넘는 그 비석에는 위와 같은 글이 새겨져 있다.

　수도원에 입문하기를 전후하여 루터는 '어떻게 하면 자비로우신 하나님을 만날 수 있을까?'라는 문제를 고민했다. 이는 죄악을 범하며 사는 인간이 어떻게 하면 의로우신 하나님으로부터 용서와 구원을 받을 수 있는가라는 물음에서 생겨난 것이다. 훗날 루터는 탁상담화에서 '내가 수도원에 들어가려 서약한 것은 배를 위해서가 아니라 구원을 얻기 위해서였다'라고 했다. 또 《수도원 서약에 관하여》라는 글에서는 '나는 하늘의 공포에 사로잡혀 이 소명에 응답했다'라고 썼다. 사실 그가 체험한 하나님은 엄격하고 정확하신 분이었다. 잘못한 사람에게 벼락이라도 동원하여 치시는 분!

루터가 수도사가 된 데에는 이런 하나님 마음에 들려는 노력의 일환이었다. 사랑, 소박, 자선, 정절, 가난, 순종, 금식, 철야, 그리고 육신의 극기까지도 포함하여 하나님 마음에 들 수 있는 것이라면, 그리고 인간이 자신을 구원하는 데에 필요하다고 여기는 일이라면, 그 무엇이든 최대한 실천하고자 했다. 그는 고해성사에도 열심히 참여했다. 하루에도 몇 차례씩, 어떤 때는 내리 여섯 시간을 고해했다고 한다.

안타깝게도 이런 것으로는 평화가 찾아오지 않았다. 이런 일에 몰두하면 몰두할수록 자신은 도저히 어쩔 수 없는 죄인이라는 사실이 느껴졌고, 그런 죄인에게 한 치도 양보하지 않고 요구하시는 하나님을 만날 수 있을 뿐이었다. 이런 내적, 신앙적 갈등이 너무 컸기에 그는 마침내 다음과 같이 절규하면서 분통을 터뜨렸다.

차라리 태어나지 않았더라면 좋았을 것을. 하나님을 사랑하라고? 나는 그분을 오히려 증오한다.

그런 루터에게 수도원 원장이자 그의 영적인 동반자였던 스승 쉬타우피츠는 여러 가지로 조언도 하고 도움도 주었다. 그래도 별다른 효과를 거두지 못하자 사람들에게 성경을 가르치라고 루터에게 제안했다. 자신의 문제도

해결하지 못해 쩔쩔매는 루터에게 그것은 너무 파격적이었다. 그는 여러 번 사양한 끝에 마침내 그 제안을 받아들였다. 그리고 다른 이를 가르치기 위하여 비로소 로마서와 시편을 자세하게 읽기 시작했다. 성경을 진지하게 연구하면서부터 루터는 비로소 빛을 보기 시작했다. 루터는 말한다.

> 사도 바울의 로마서를 이해하려고 몹시 애쓰는 나에게는 커다란 장애물이 있었다. 곧 '하나님의 의(義)'라는 말을 하나님께서는 의로운 분이요 따라서 불의한 사람들을 공정하게 처벌하신다는 뜻으로 받아들이는 나에게 하나님 은총과 구원은 설 자리를 찾지 못하고 있었기 때문이다.
>
> 그 때 내 상황을 말하자면 수도사로서는 털끝만큼도 흠 잡을 데가 없었다. 그렇지만 하나님 앞에서는 여전히 마음이 괴로운 죄인이었다. 내 업적으로는 절대로 그분의 진노를 누그러뜨릴 자신이 없었다. 그러므로 나는 공정하고 성난 하나님을 사랑하지 않았으며, 오히려 증오하고 그분에게 투덜대었다.
>
> 그러면서도 여전히 나는 바울을 붙잡고 늘어지면서 그의 말에 무슨 뜻이 담겨 있을까 하고 계속 캐어보았다. 밤낮을 가리지 않고 곰곰이 생각하던 어느 날 나는 하나님의 의(義)와 '의인은 믿음으로 산다'는 말 사이에 관련이 있다는 것을 깨달았다. 그 때 나는 하나님의 의(義)란 하나님께서 은혜와 순수한 자비를 발휘하신 나머지 우리의 믿음을 보시고 우리에게 죄가 없는 것으로 취급하는 그 의(righteousness)라는 사실을 터득했다.

그 순간! 나는 새로 태어나서 활짝 열린 문을 통해 낙원에 이른 기분이었다. 성경 전체가 새로운 의미로 다가왔다. 전에는 '하나님의 정의' 때문에 괴로웠으며 내 마음속에 증오심이 가득 차 있었다. 이제 그것은 이루 말할 수 없이 내게 소중하게 여겨졌으며 하나님과 사람을 향한 더 큰 사랑을 불러일으켰다. 바울 서신의 이 대목이 나에게는 하늘로 통하는 하나의 관문이었다.

성 아우구스티누스 수도원

그리스도께서 우리 구세주시라는 사실을 진정으로 믿는 순간 우리 곁에는 은혜로운 하나님이 서 계신다. 이 믿음은 우리를 데리고 들어가서 하나님의 마음과 뜻을 활짝 열어 제치고, 우리에게 순수한 은혜와 넘치는 사랑을 보게 하는 바로 그런 것이다. 믿음 안에서 하나님을 뵙는다는 것은 다름이 아니라 더 이상 노여움이나 불친절을 찾아볼 수 없는 그분의 아버지 같은 마음, 다정한 마음을 우리가 대하게 된다는 것이다. 하나님을 성난 분으로 보는 사람은 그분을 제대로 보는 것이 아니라, 마치 그분의 얼굴에 검은 구름이 덮였을 때처럼 하나의 커튼을 대하고 있을 뿐이다.

다마스커스로 가던 사울에게 갑자기 비추어진 빛이 그를 사도 바울로 변화시켜 새로운 역사를 일구어냈듯이, 천둥·번개로 시작된 빛은 말씀을 새롭게 깨닫는 빛으로 이렇게 루터에게 스며들었다. 그리고 480여 년 전 그에게 비추어진 빛은 단지 그 한 사람만 변화시키지 않았다. 여기서 일어난 한 인

만스펠트에서 에어푸르트에 이르는 길

간의 변화가 그 당시 사람들과 교회 전체를 변화시키는 데로 이어지고, 인간의 역사와 미래도 변화시키는 계기가 되었던 것이다.

04

수도원 안에서 한 영적 싸움

불안에서 확신으로

복음적이란 말은 도대체 무슨 뜻일까?

마틴 루터는 1505-1512년 독일 에어푸르트에 있는 아우구스티누스 수도원의 수도사였다. 그 수도원에서 복음적인 사람이 되어 갔다. 그때는 아직 로마-천주교회와 갈등하기 이전이었다.

루터의 생애에서 이 부분은 하나님의 은혜가 무엇인가를 알아가는 신앙인에게 본보기가 된다. 거기서 그는 내적으로 복음적인 그리스도인이 되어가는 과정을 아주 확실하게 보여주었다. 그 길은 율법과 죄의 종이었던 사람이 하나님의 자녀라는 영광스러운 자유를 얻는 과정이었다. 그리고 진노하시는 하나님을 향한 두려움이 하나님 용서를 확신하는 데로 나아가는 길목이었다.

수도원에서 보낸 시절이 믿음의 길을 가는 루터에게는 사실상 종교개혁운동의 뿌리가 되었다. 이 뿌리는 그가 1517년 10월 31일 비텐베르크의 궁정교회(Schlosskirche) 문에 사면부 판매를 거부하는 95개 조항을 붙인 일과 그로인해 나타난 결과 등 밖으로 표출된 사건보다도 훨씬 더 깊은 것이었다. 사면부 판매에 저항한 것은 단지 종교개혁운동의 외적인 시작일 뿐이다.

AETHERNA IPSE SVAE MENTIS SIMVLACHRA LVTHERVS
EXPRIMIT·AT VVLTVS CERA LVCAE OCCIDVOS
·M·D·XX·

성 아우구스티누스 수도원에서 수도사였던 루터 (1520, 크라나흐)

사람들은 그의 내적인 종교개혁, 신앙의 영적인 갱신을 간과하곤 했다. 사실 루터의 내면에는 외적인 종교개혁운동 이전에 영적(내적)인 종교개혁운동이 펼쳐졌다. 겉으로 보기에 그것은 에어푸르트 및 비텐베르크의 수도사의 방(골방) 안에서 아주 조용히 일어났다. 수도사 루터 개인의 내면에서 그것은 엄청난 소용돌이요 폭풍우였다. 이것은 1517년이 되기 전에 완료되었다.

그는 처음부터 종교개혁운동을 의도하지 않았다. 종교개혁운동은 결코 반발과 대치라는 뜻 그대로 저항이 아니었다. 오히려 그것은 예수 그리스도를 통해 하나님께서 주시는 은혜와 구원을 확신하는 믿음에서 나왔다.

당시 천주교회는 최후심판과 그에 따른 저주를 강조했다. 이는 신앙인에게 매우 위협적이었으며 커다란 두려움을 안겨주었다. 종교개혁운동은 그 위협과 두려움에 대한 위대하고도 새로운 극복이었다.

흔히 종교개혁운동이라 번역되는 re-formation

당시 수도사들이 입었던 옷

에어푸르트 시내

이란 말은 문자적으로 그리스도의 복음을 향한 재편성(재구성), 원천으로 되돌아감, 뒤로 돎, 이전의 의미부여 등을 가리킨다. 다시 말해 예수 그리스도를 통해 인간에게 주어진 구원의 기쁜 소식, 기쁨을 자아내는 소식을 다시 발견한다는 뜻이다.

그 때 사람들은 복음의 이런 내용을 잃어버렸다. 진정한 의미에서 복음을 이해하지 못하였으며, 받아들이지 못하고 믿지 않았다. 그러므로 루터의 종교개혁운동은 그 뿌리, 그 원천 곧 성경으로 되돌아가 믿음을 갱신하려는 것이었다(ad fontes). 그 당시 부조리한 교회 현실 때문에 루터는 성경에 합당하게 믿는 신앙, 곧 옛날의 그 진정한 신앙을 다시 발견하기까지 많은 어려움을 겪었다.

무슨 목적으로 루터는 수도사가 되었는가?

1505년 여름, 당시 스물한 살짜리 마틴 루터는 의욕이 넘치고 장래가 촉망되는 석사학위 소유자이자 에어푸르트 대학교 법학도였다. 그는 엄격한 규율과 구걸생활로 유명한 성 아우구스티누스 수도원에 입문했다. 이는 자신의 학업을 포기하는 것이었고 자기 아버지의 뜻에 거스르는 행위였으며 친구들의 만류를 뿌리친 것이었다. 결코 쉽지 않은 결정이었다. 도대체 무엇이 그로 하여금 거부와 포기를 동반한 어려운 길을 걷게 하였을까?

* ad fontes(= 원천으로 돌아가기, 샘터로 향하기)

르네상스와 인문주의의 영향 아래 에라스무스(Erasmus von Rotterdam 1466?-1536)는 1511년 "De ratione studii ac legendi interpretandique auctores"(저자들을 연구 · 읽기 · 해석하는 방법에 관하여)라는 책에서 'Sed in primis ad fontes ipsos properandum, id est graecos et antiquos'(무엇보다도 먼저 원자료 그 자체 곧 그리스말과 고전으로 서둘러 돌아가야만 한다.)라고 했다.

1518년 필립 멜랑히톤은 비텐베르크 대학교 교수가 되었다. 그의 교수 취임연설 'De corrigendis adolescentiae studiis'(대학교 학문연구의 새로운 방향에 관하여)에서 철학 · 신학 · 역사학 · 수사학 · 문학 등이 어두운 그늘에 묻혀 있지 않게 그리스말과 라틴 말로 된 고전 그 자체로 파고들어야 한다고 강조했다. 마틴 루터는 이 연설에 큰 도전을 받았다. 그는 당시 번역된 성경(라틴 말)보다는 히브리어와 그리스어로 된 원어성경에 주목해야 할 필요성을 절감했으며, 훗날 이를 신학수업과 성경 번역의 원칙으로 삼았다.

quemadmodum desiderat cervus **ad fontes** aquarum ita desiderat anima mea ad te Deus.(숫사슴이 샘터를 향해 끌리는 것과 똑같이 내 영혼이 주님을 향해 끌리나이다, 하나님! 시 42:1; 라틴어 성경 불가타 시 41:1)

성 아우구스티누스 수도원의 복도

비록 나이가 많지 않았어도 그는 여러 차례 죽음의 문턱을 드나들었다. 죽음을 앞둔 자의 불안감이 그의 마음을 압박했다. 중세기 인간의 그 불안을 오늘 우리는 잘 이해할 수 없을지도 모른다. 아주 오랜 세월이 흐른 뒤에 그는 식탁담화에서 이에 관해 이야기했다. 7월 16일 알렉시우스 성인의 날에 그는 말했다. '이 날이 그 때 내가 에어푸르트의 수도원에 들어간 날이다.' 이어서 그 내력을 이야기했다.

약 14일 전에 에어푸르트와 멀리 떨어지지 않은 쉬토테른하임에서 벼락을 만나 기겁을 하였을 때, 무엇을 서약하였는지를. 공포에 사로잡힌 나는 '도와주소서, 안나 성인이시여, 나는 수도사가 되겠나이다!'라고 외쳤다. 나중에 나는 이 서원을 후회하였으며 주변 사람들도 이를 취소하라고 권하는데도 결국 나는

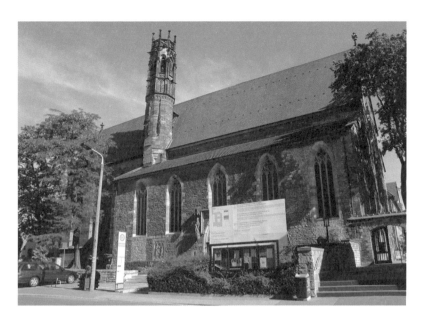

성 아우구스티누스 수도원의 교회당

'이를 지키련다'고 말했다. 알렉시우스 성인의 날 하루 전에 나는 친한 친구들과 송별파티를 열고 '내일 나는 수도원으로 들어가겠다'고 말했다. 그들이 만류하려 하자 나는 그들에게 '그러면 너희들은 다시는 나를 못볼 줄 알아'고 했다. 그러자 그들은 눈물을 흘리며 나를 놔주었다. 내 아버지도 나의 서원에 대해 몹시 화를 내셨다. 그렇지만 나는 나의 결정을 지켜나갔다. 이 수도원을 떠나야겠다는 생각을 나는 단 한 번도 한 적이 없다. 나는 세상에 대하여는 완전히 죽은 것이다.

루터를 놀라게 한 것은 단순히 죽음만이 아니었다. 그 이상의 것이 있었다. 곧 죽음 이후에 찾아와 인생을 위협하는 최후의 심판과 영겁의 벌(영벌 Verdammnis)이었다. 세상심판의 표상은 중세기 내내 경건한 신앙인을 위협했

에어푸르트 대성당

다. 대부분 교회의 출입문에는 세상심판(또는 최후심판)에 관한 조각이 새겨져 있었다. 중세 후기에 살고 있는 루터도 이 물음을 피해갈 수 없었다. '만일 내가 지금 죽는다면, 세상의 심판자 앞에 어떤 모습으로 서게 될 것인가? 내가 어떻게 그분에게 긍정적인 인상을 심어줄 수 있겠는가?' 그 대답이 그에게 별로 밝아 보이지 않았다. 그는 이리 생각했다. '나에게는 의가 없다. 틀림없이 하나님은 내게 영벌을 선언하실 것이다.' 천둥·번개와 함께 일어난 일이 이렇게 그의 가슴에 새겨졌고, 그를 두려움에 떨게 하였던 것이다.

어떻게든 그것만은 피하고 싶었다. 그는 이제부터는 하나님의 심판을 면할 길을 찾으며 살기로 결심했다. 그에게는 하나님을 의뢰하는 것이 세속에서 직업적으로 성공하는 것 돈 명예보다 더 중요했다. 그의 물음은 이러했다. '나는 어떻게 은혜로우신 하나님을 얻을 수 있는가?' 그 뜻은 이러하다. '나를

에어푸르트 대성당

향한 하나님의 진노를 나는 어떻게 누그러뜨릴 수 있는가? 어떻게 나는 하나님을 은혜롭게 영접할 수 있는가?'

당시(16세기 초) 교회의 가르침에 따라 루터는 이 물음의 대답을 찾았다.

'나는 내 힘으로 의롭게 되어야만 한다. 나는 경건하고, 하나님을 기쁘시게 하는 인생을 살며 선행을 실천해야만 한다. 그러면 나는 은혜로우신 하나님을 만날 수 있으며 구원을 받게 될 것이다.'

그 당시 많은 사람들은 이와 비슷하게 묻고 답을 찾아나갔다. 교회가 가르치는 선행은 여러 가지가 있었다. 동정을 베풀기, 순례의 길을 가기, 거룩한 유물을 숭상하기, 로사리오 기도를 계속 드리기, 금식하기. 이것들은 인간이 자기 힘으로 해낼 수 있는 선행이었다. 물론 사람이 천국으로 곧장 가는 길은 수도원이었다. 이로써 사람들은 세상을 완전히 포기했다. 수도사가 되기로 서원을 하는 것은 자신의 고유한 의지를 포기할 뿐만 아니라, 자신의 소유와 명예를 버린다는 뜻이었다. 악한 세상으로부터 벗어나 수도원 울타리 안에 머무는 것이 곧 세상으로부터 자신이 죽고, 오직 하나님 안에서 산다는 표시였다.

수도생활에는 이런 단념에 덧붙여지는 것이 있었다. 깨어 있기, 금식, 덥거나 춥게 살기, 침묵, 겸손하기, 구걸, 정해진 시간에 하루 일곱 번씩 기도 드리기, 죽은 자의 옷을 입고 잠자기. 대체로 수도사들은 생기가 넘쳐야 할 생활을 이렇게 죽임으로써 젊은 나이에 죽었다.

당시에는 위와 같이 무엇인가를 단념(포기)하는 자신의 노력으로 사람은 하나님과 그분이 주시는 복에 직접적이고도 안전하게 다가설 수 있다고 여겨졌다. 이것은 당사자에게도 분명 힘들고 쓰디 쓴 길이었다. 진정으로 힘들고 어려운 그 길을 수도원 사람들은 진지하게 또 기꺼이 받아들였다. 그들은 루터를 식구로 받아들였으며 루터도 그 길을 자진하여 선택했다.

동진(東晉)의 왕강거(王康琚 317-419?)는 반초은(反招隱)이란 시에서 '작은 은자는 산속에 숨고, 큰 은자는 조정이나 저자 속에 숨는다'(小隱隱陵藪 大隱隱朝市)고 했다. 나중에 백거이(白居易)와 소동파(蘇東坡)는 대은과 소은 사이에 중은(中隱)을 넣어 시를 지었다.

옛날에 학문과 재능이 뛰어나면서도 벼슬길을 찾지 않고 사는 사람을 은사(隱士)라 했다. 은사에도 여러 부류가 있다. 어떤 이는 깊은 산에 들어가 숨어 지내듯이 살았다(소은 小隱). 또 어떤 이는 높은 벼슬을 구하는 대신에 자진하여 중급 이하의 낮은 관직을 선택하며 일생을 보냈다. 이런 중은(中隱)을 관은(官隱) 이은(吏隱)이라고도 불렀다. 그리고 어떤 사람은 장터에 들어가 비교적 작은 가게를 운영하며 소박하게 살거나 중앙정부에 진출하여 관직을 수행했다. 이를 대은(大隱), 시은(市隱), 조은(朝隱)이라 했다. 대은(大隱)이란 크게 깨달은 사람이 환경이나 자신의 개인적인 조건에 구애받지 않고 정신적으로 절대자유를 누리며 사는 것을 가리켰다.

깨달음을 얻고자 수도원으로 들어갔다가 깨달음을 얻은 뒤 수도원을 떠난 루터는 이 가운데 어디에 해당될까?

05

수도원 안에서 한 영적 싸움

회의에서 평안으로

　　루터가 걸어간 수도사의 길은 매우 험한 과정이었다. 그런 선택을 한 것은
그가 하나님과 그분의 의를 찾는 데에 얼마나 진지했는가를 여실히 보여준
다. 그는 수도원에서 세운 규정을 자기 스스로 그리고 모범적으로 지켜냈다.
이런 방식으로 그는 하나님 앞에 의로워지고 복 받은 영혼이 되고자 했다.
이는 자신의 죄를 행동으로 충분하게 벌충하고, 하나님의 뜻을 충족시키고
자 한 행위였다. 나중에 그는 이렇게 말했다.

　　나는 진실로 경건한 사람이었다. 다음과 같이 생각할 만큼 나는 수도원의 규정
　　을 엄격하게 지켰다. 어떤 수도사가 수도사 생활을 통해 하나님 나라에 들어간
　　다면, 아마 나 역시 그럴 것이다. 수도원에서 생활하는 나의 이런 모습은 수도
　　원 공동체에게 널리 알려졌기에 감히 이렇게 말하는 것이다. 만일 내가 그곳에
　　더 오래 머물렀더라면, 잠자지 않기, 기도 드리기, 책 읽기 그리고 노동 등에 지
　　쳐가다가 마침내 죽었을지도 모른다.

열성에 가득 찬 수도사 루터는 수도원의 동료들, 특히 수도원 지도층에게 인정을 받았다. 그는 가능한 한 최대한 빨리 수도사의 서약을 할 수 있게 허락받았다.(1506년) 그로부터 1년 후에는 사제서품도 받았다(1507년). 이는 결코 당연한 일이 아니었다. 이로써 그는 수도원의 엘리트에 속하게 되었고, 학문연구를 계속할 사람으로 지명되었다. 이내 철학 강의도 할 수 있었다. 또한 수도원의 파견으로 로마를 방문할 중요한 기회도 얻었다. 본인이 원하지 않았는데도 신학박사 학위 과정을 밟게 되었다.

나중에 그는 갓 세워진 비텐베르크 대학교에 성서신학을 가르치는 교수로 부름을 받았다. 더불어 그곳 성모 마리아 교회(비텐베르크 시 교회)에서 목회와 설교를 담당하는 동시에 수도원의 원목으로도 임명되었다. 이 모든 것들이 수도원에 들어간 지 10년 이내에 이루어진 것으로 매우 이례적인 일이었다.

그는 마땅히 자신의 할 수 있음과 자신이 이룬 성취에 만족할 뿐만 아니라 즐거워해야 할 것이었다. 그렇지만 그는 이런 경력을 쌓으려고 수도원에 들어간 것이 결코 아니었다. 오히려 이런 일들로 해서 그는 자신이 처음에 세웠던 보다 높은 차원의 목표 곧 '은혜로운 하나님을 만나기'로부터 멀어져야만 했다. 그래서 그의 마음이 편치 않았다.

수직상승하는 자신의 경력(커리어)에 그 자신의 마음은 점점 무거워졌다. 그는 은혜로우신 하나님을 만나려고 더 이상 할 것이 없을 만큼 최선을 다했다. 그리고 수도원 생활이란 방식으로는 그 길을 찾을 수 없다고 깨달았다. 중세기 수도원적인 경건에 바탕 한 도움과 약속 일체가 그에게 아무런 효력이 없었다.

나 역시 한 사람의 거룩하고 경건한 수도사가 되기를 원했다. 그래서 미사와 기도활동에 열심히 참여했다. 그런데 내가 묵상에 깊이 침잠할 때, 오히려 의심하는 자가 된 채 제단으로 나아갔다. 그리고 의심하는 자 그 모양 그대로 제단에

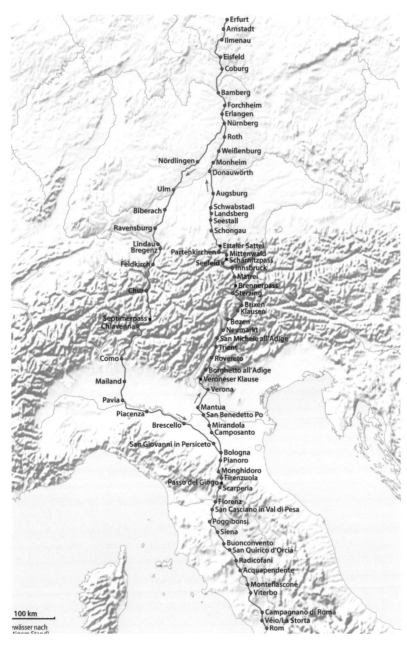

루터의 로마여정

서 물러나왔다. 봉헌기도를 드리면서도 난 여전히 의심하는 자였다. 비록 말을 하지는 않았어도 나는 매번 그러했다. 그 때 나는 미칠 것 같았다. 기도 드릴 수도 경청할 수도 없었다. 마치 하늘나라에 있는 것 같이 온전히 순수하고 아무 죄도 없게 되기까지는.

수도사 서약이 루터를 방금 세례 받은 어린 아이처럼 순결하고 죄 없는 존재로 만들었어야 하리라. 그러나 자신에게서 그런 변화가 느껴지지 않았다. 그는 말한다.

죽음이나 죄가 아주 작은 유혹에서 생겨난다면, 나는 거기에 걸려 넘어질 것이다. 세례나 수도생활에서도 나는 아무런 도움을 찾을 수 없다. 이런 뜻에서 나는 이미 오래전에 그리스도와 그분을 통해 세례를 잃어버린 사람이다. 나는 세상에서 가장 비참한 인간이었다. 나는 큰 두려움과 절망에 밤낮으로 시달렸다. 그것은 아무도 견뎌낼 수 없을 정도로 강력했다. 그래서 나는 수도원 안에서 목욕하듯이 그리고 세례를 받듯이 땀으로 흠뻑 젖곤 했다. 수도사 생활에서 나는 아주 오랫동안 지옥의 밑바닥에 떨어져 있었다. 이는 내가 그리스도를 아주 엄격한 심판자로 밖에는 알지 못하였기 때문이었다. 나는 그분에게서 도망칠 수 없는데도 할 수만 있다면 도피하고자 했다.

고해성사도 그에게 별로 위로가 되지 않았다. 그가 얼마나 자주 고해성사를 하였던가! 그는 수도원에서 일주일에 두 번씩 전체적인 고해성사에 더하여 거의 매일 스승 신부에게 찾아가야 했다. 이렇게 충실한 그의 고해성사에 스승도 질렸다. 루터 자신도 이를 통해 받는 사죄선언에 매우 회의적이었다. 왜냐하면 그 당시 그것은 세 가지 조건을 충족시켜야만 하였기 때문이다. 회개(참회)의 진정성, 고해 행위의 완전성, 행위로 그를 뒷받침함. 다음과 같은 물음이 루터를 괴롭혔다. 그 누가 자기 자신에 대해 이런 것을 온전하게 행할 수 있는가, 그 누가 자신이 저지른 모든 죄를 다 기억해낼 수 있는가?

자기 스스로 자기를 구원하는데 실패하다

입술에서 귀로 전해지는 고해성사에서 교황 찬양론자들은 단순히 밖으로 드러나는 행위만 볼 뿐이다. 만일 또 다시 죄를 범하면, 다시 고해성사하러 달려갔다. 나는 그 신부에게 '하나님께서 자신의 자비를 기대하라고 명령하셨습니다. 평안히 가십시오!'라는 말을 들었다. 나의 스승 히에로니무스 슈르프 박사는 나에게 괴롭힘을 당했다. 성례전 직전에 서너 차례씩 찾아가 고해성사를 하겠다고 했기 때문이다. 심지어는 성례전 집례를 하러 제단에 서 있는 데에도 곁에 다가가 귓속말로 양심에 가책되는 일을 고백했다.

나는 그분을 아주 피곤하게 만들었다. 양심의 가책이 나를 불안하게 만들었다. 그분 입에서 조건 없는 구원의 약속 곧 '나는 네 죄가 후회하는 마음에 따라서, 고백하는 입술에 따라서, 네가 하는 충분한 선행에 따라서, 그리고 거룩한 성인들의 돕는 말씀 등에 의거하여 예수 그리스도의 공로로 사하여졌음을 선언한다'라는 말이 나올 때까지 계속 고백했다. 그런데 이 선언에 포함된 조건들이 나를 더 불행하게 만들었다. 하나님 앞에서 의롭다 함을 얻으려면, 그 모든 것을 행하려면 나는 나 자신을 수없이 괴롭혀야만 했다. 그러고 나서도 하나님을 두려워하는 마음이 앞섰다. 셀 수 없이 많은 인간적인 규칙에 난 압도당할 수밖에 없었다.

자기 자신의 의지에 완전히 반하여 루터는 자기에게 물었다. '나의 참회는 진실한 것인가 아니면 표정만의 참회인가? 무슨 이유로 나는 이런 것들을 수도원에서 행하는가?' 이에 그는 스스로 다음과 같이 고백할 수 밖에 없었다.

성 아우구스티누스 수도원의 수도사 마틴 루터

'하나님을 향한 사랑이나 이웃을 향한 사랑에서 나오는 것이 아니라 나 자신을 향한 사랑에서 나오는 것이다. 곧 하나님의 벌을 받기 두려워서 행하는 것이며 하나님 앞에 계산서를 내밀기 위해서 하는 것이다. 이에 그는 죽을 정도로 몸서리쳤다. 왜냐하면 하나님 앞에서 그가 행한 모든 것들이 올바르지 못한 것이며 가치없는 것이기 때문이었다.'

그는 이렇게 고백했다.

'나는 이기주의자이다. 비록 수도사 복장을 하고 있더라도 나는 은밀한 그리고 경건한 체하는 이기주의자였다. 나중에 그는 수도원에서의 자기 생활에 관해 이렇게 썼다. '나의 선행은 유효하지 않다. 그것 자체가 이미 그분에게는 부패한 것이었다.' 이것이 자신을 추구해 온 것에 대한 결론이었다.

이런 결론 곧 쓰디 쓴 자기고백은 수도사인 루터를 몸서리치며 쓰러지게 만들었다. 자신의 탁월한 능력에도 불구하고 그는 하나님 앞에서 자신을 잃고 자기를 비난하며 자기를 저주하기까지 했다. 이런 것이 나중에 그가 쓴 《소교리 문답집》에 그대로 실려 있다. '…나를 상실하였으며 저주받을 인간 …'

루터는 수도원 생활에 실패했다(?)

루터는 수도원에서 자기 스스로 자신을 구원하는 길을 찾는데 완전히 실패했다. 아주 긴급하게 구원을 필요로 하는 그는 그것을 찾지 못했다. 그가 이런 상황을 노래로 만들어 부른 것은 전혀 놀랄 일이 아니었다. '나를 절망으로 이끄는 불안은 나에게 죽음밖에는 머물 것이 없게 했다. 나는 지옥에 떨어지는 듯했다.' 루터를 휘감았던 불안은 오늘날 우리가 생각한 그런 것이 아니었다. 그것은 살아계신 하나님과 그분의 심판에 관한 불안감이었다.

이런 상황에서 그에게는 경악할 의심이 몰려왔다. '혹시 하나님은 나를 구원하실 뜻이 전혀 없는 것이 아닐까? 혹시 나를 가까이 하려고도 하지 않으실까? 혹시 그분은 내가 태어날 때부터 저주받을 사람으로 정해놓으신 것이 아닐까?' 이런 생각에 그는 교부 아우구스티누스를 공부하기 시작했다. 그는 일찍이 이중예정 곧 어떤 사람에게는 하나님 나라가 또 어떤 사람에게는 지옥이 예정되어 있다고 주장했던 분이다.

만일 그렇다면 우리가 어떻게 하나님을 사랑할 수 있을까? 그렇다면 하나님은 완벽하게 불의하신 분이 아닌가? 루터는 일찍이 하나님의 미워하심을 무서워하며 그것을 덮기 위해 하나님을 사랑하고자 시도했다. 그는 말했다. '그것은 건강한 인간 이해와 자연적인 이성에 큰 장애물을 놓은 것이다. 하나님이 순전히 자기 뜻대로 인간을 시험대에 올려놓거나 완고하게 하거나 저주에 떨어지게 하는 것은 그분이 마치 그 큰 죄와 그로 인해 인간이 비참해지는 것을 즐기는 것처럼 보이게 한다.

이로써 하나님의 놀랍도록 큰 자비는 절반 이하의 가치로 폭락한다. 그렇다면 그 누구에게나 분노를 쌓아놓지 않으시겠는가? 나 자신만 하더라도 그렇다. 내 심령 깊은 곳에 분노가 쌓이고 절망의 구렁텅이에 빠져서 차라리 내가 사람으로 창조되지 않았더라면 좋았을 뻔했다고까지 생각한 적이 한두 번이 아니었다.'

겉으로 볼 때는 흠잡을 데가 별로 없는 모범적인 수도사가 스스로 자신을 하나님께서 버리셨다고, 더 나아가 하나님의 적으로까지 여기는 나락에 떨어졌다. '나는 벌거벗긴 채 절망에 몸서리치며 살려달라고 외치는 것밖에는 아무것도 할 수 없었다. 어디서 도움이 올지 모르면서도 그리했다. 거기에는 영혼의 쉼터가 없었다. 죽음의 쓴 잔, 망연자실, 불안, 슬픔으로 가득 채워진 상태가 영원히 지속될 것같이 보였다.'

앞이 캄캄한 곳에 서다

전혀 앞날을 내다볼 수 없는 지점에 이르렀다. 루터는 매우 큰 위기에 봉착했다. 그에게 어떤 일이든 다 일어날 수가 있었다. 미쳐버림, 자살, 믿음에서 완전히 떨어져 나가거나 하나님을 저주함.

수행과 고행으로써 그는 스스로 자신을 구원시키려 했다. 자신의 죄(죄의식)를 자기 스스로 이겨내려 했다. 자기가 만족할 수 있는 업적을 쌓아 하나님을 흡족하게 해드리려 했다. 그것은 오직 수도사의 생활을 완벽하게 수행할 때에만 가능하다고 생각했다.

'하나님의 의'에 관한 루터의 글이다.

나는 Iustitia Dei(하나님의 의)이라는 말을 싫어했다. 왜냐하면 나는 그 말을 철학적으로만 배워왔기 때문이다. 거의 모든 선생들이 무척 형식적으로 이 말을 가르쳤다. 따라서 나는 하나님은 공의로우시며 죄인들과 불의한 자들을 벌 주시는 분으로 배웠다. 내가 비록 신실한 수도사로서 살았지만, 언제나 나는 하나님 앞에서 한 사람의 죄인으로 무거운 양심의 가책 속에 있는 나 자신을 바라보게 되었고, 나는 나의 만족만으로는 편안할 수 없었다. 그래서 나는 하나님을 사랑하지 못했다.

아니 오히려 나는 그분을 증오했다. 바로 공의로우시며 죄인들을 벌주시는 그 하나님을! 이 침묵의 모독 혹은 적어도 분노 가운데 나는 하나님께 저항했으며 내 스스로에게 이렇게 속삭였다. 구약의 율법으로 가련한 죄인들과 원죄에 의해 영원한 나락에 빠져 있는 이들을 괴롭히고 압박하는 것으로 충분하지 않다면, 하나님은 또한 복음으로 상처에 새로운 상처를 더하며, 그리고 복음 안에서 그분은 공의와 분노로써 우리를 위협하는 분일 뿐이라고!

그래서 나는 불안하고 혼란스러운 나의 양심으로 인해 분노했다. 그리고 나는 타오르는 지식욕 속에서 점점 더 바울에게 집착했다. 바울은 이 상황에 대하여 무어라 말을 했던가! 밤낮으로 명상하면서 하나님의 자비로움으로 말씀과 하나가 되기 위해 전력을 다했다. 바로 이 말씀 '복음에는 하나님의 의가 나타나서 믿음으로 믿음에 이르게 하나니 기록된 바 오직 의인은 믿음으로 말미암아 살리라 함과 같으니라.'을 붙들었다.

바로 그때 나는 하나님의 의는 바로 다음과 같은 것이라고 깨닫기 시작했다. 하나님의 의로 인하여 하나님께서 선물로 주신 의인은 살게 되며, 그리고 그것은 믿음으로 인하여 가능한 것이며, 그리고 복음을 통하여, 곧 하나님의 자비로우심이 믿음을 통해 우리를 의롭게 하시는 하나님의 '수동적'인 의가 드러나는 것을 알게 된 것이다. 그때 나는 제대로 내가 거듭나게 됨을 느꼈고 천국 문으로 들어가는 나 자신을 보았다.

그때부터 나는 성경 전체를 제대로 볼 수 있는 눈이 열렸다. 나는 성경 전체에 몰두하였고, 이것과 일치하는 의미를 지닌 다른 단어들을 떠올릴 수 있었다. '하나님의 사역'은 하나님께서 우리 안에서 활동하시는 것을 뜻하며, 하나님의 능력이란 그분께서 우리를 능력 있게 만든다는 의미이며, 하나님의 지혜란 그분께서 우리를 지혜롭게 만드신다는 의미이다. 그리고 하나님의 강함, 하나님의 거룩함, 하나님의 영광 등이 모두 다 풀이되었다.

길을 찾아가는 순례자

나는 전에는 '하나님의 의'를 많이도 증오했었지만, 이제는 깊은 사랑의 마음으로 그것을 높여 이제는 나의 가장 달콤한 말로 받아들였다. 바로 이 말씀이 내게도 바울 사도가 말씀하신 참된 천국 문이 된 것이다.

시편과 로마서를 연구하고 가르치면서 그가 깨달은 하나님의 의는 다음과 같다. ① 의로움이란 하나님께 속한 것이라기보다는 하나님으로부터 오는 선물이다. ② 의로움이란 그리스도의 십자가에서 계시되었다. ③ 의로움이란 인간의 선입견과 모순된다. 이 가운데 ①만이 성 아우구스티누스의 가르침과 일치한다. ②③은 그의 가르침과 차이가 있다. 여기서 그는 인간의 선입견과 모순되는(sub contrariis) 보다 정확히 말하자면 인간의 현존을 초월하는 하나님의 의를 깨달았다.(A. E. McGrath, Iustitia Dei 222-23)

앞서 보았듯이 루터는 저절로 또는 쉽게 루터가 되지 않았다. 그는 내적으로 모질고도 긴 싸움을 거쳐 하나님의 의 = 하나님의 은총인 것을 깨달았다. 그리고 하나님 은혜의 자리로 나아갔다.

06

비텐베르크 궁정교회에
내걸린 95개 조항

베를린이나 에어푸르트에서 7번 고속도로를 타다가 Lutherstadt Witten-berg라는 간판을 따라 187번 국도로 들어서면 비텐베르크에 이른다. 이 마을에 들어서기 전부터 이곳 궁정교회(Schlosskirche)의 높은 탑이 보인다. 그 탑을 보며 마을로 들어가는 길(Schlossplatz)에서 그 교회당을 바라보면, 루터의 95개 조항(Disputatio pro declaratione virtutis indulgentiarum)을 새겨놓은 청동문이 보인다. 루터 당시 이 교회는 대학교회로 사용되었으며, 본디 나무로 된 그 문은 그 당시 대학교의 게시판으로 활용되곤 했다. 1517년 10월 31일 루터가 이곳에 95개 조항을 붙였다.

1516년에 그는 이미 '참된 용서와 구원을 가져오는 진정한 마음의 변화는 오직 그리스도의 고난을 묵상하고, 진정으로 회개하는 자에게 하나님이 거저 주시는 선물 곧 은총에서 비롯된다'며 사면부가 죄를 용서하는 데 아무런 효력이 없다고 설교했다. 그는 교황청이 주장하는 사면의 권한과 사면부 판매에 대해 토론하자고 이것을 붙였으나, 이것이 곧 종교개혁운동의 신호탄이 되었다.

루터가 95개 조항을 붙였던 궁정교회의 문

1760년 이 문이 불에 타 없어졌다. 이에 프로이센의 왕 프리드리히 빌헬름 4세가 청동으로 이 문을 다시 만들었다(1845-58년). 이 문 아래쪽에 루터의 95개 조항을 새겨 넣었으며, 그 위쪽에 독수리상과 더불어 이 문을 만든 내력이 라틴 말로 쓰여 있고, 그 위쪽 바실리카식 문루에는 비텐베르크를 배경으로 정중앙에 십자가에 달리신 예수님이, 오른편에 성경을 손에 든 루터가, 그리고 왼편에 아우그스부르크 신앙고백서를 손에 든 필립 멜랑히톤이 그려져 있다. 가장 위 양쪽에는 형 프리드리히 선제후(Kurfürsten Friedrichs des Weisen)와 동생 요한 제후(Herzog Johanns des Beständigen)가 손에 칼을 들고 서 있다.

이 95개 조항은 '우리 주님이자 스승이신 예수 그리스도는 회개하라고 말씀하실 때, 믿는

루터의 하이델베르크 신학논쟁을 기념하는 동판(하이델베르크 대학 마당)

이에게는 그 생애 전체가 회개하는 생활로 될 것을 원하셨다(1항)'라는 말로 시작된다. 이것은 라틴어로 쓰여 있다. 그리고 구텐베르크의 금속활자(1455년)에 힘입어 두 주도 채 되지 않아 독일 말로 번역되어 독일 각 지역으로 퍼졌다. 뿐만 아니라 각 나라 말로 번역되어 아주 빠르게 유럽 여러 나라로 전파되었다(콘스탄티노플에서 케임브리지까지). 이에 그는 금속활자야말로 하나님께서 그 시대에 주신 가장 큰 선물이라고 극찬했다. 그 후 1518년 3월 루터는 ≪사면과 은총에 관한 설교≫(Sermon von dem Ablass und Gnade)라는 책을 썼다. 이는 일반 대중이 95개 조항을 잘 이해할 수 있도록 그 내용에 대해 상세하게 주석하며 해설을 덧붙인 것이다.

한편 교황청으로부터 루터를 잠잠하게 만들라는 요청을 받은 아우구스티누스파 수도원은 1518년 4월 하이델베르크에서 열리는 총회에 루터를 소환했다. 여기서 루터는 스승 쉬타우피츠의 허락을 얻어 자신의 신학을 설명할 기회를 얻었다. 그는 당시 신학이 아리스토텔레스의 철학에 노예로 되어 있음을 비판하면서, 인간의 자유의지에 대해 설득력 있게 논리를 폈다(하이델베르크 신학논쟁). 당시 34살짜리 신학 교수였던 루터에게 젊은 학생들과 수도사들이 대거 지지를 보냈다. 그들은 나중에 하이델베르크 지역에 개신교회가 형성되는 데 결정적으로 이바지했다. 그는 나중에 이 일을 회고하며 '나는 맨

루터와 카예탄(프란체스코 살비아티가 1560년경 그린 그림)

발로 떠났다가 마차를 타고 돌아왔다'고 말했다.

이에 교황 레오 10세는 루터를 로마로 불러들이려 했으나 작센의 선제후 프리드리히 현제가 이를 저지시켰다. 교황은 추기경이자 도미니크파 수도원 원장인 카예탄(Thomas Cajetan)을 시켜 아우그스부르크 제국의회로 루터를 불러 심문하며 그 주장을 철회하도록 회유하는 한편 로마로 압송하려 했다(1518년 10월). 그러나 100여 년 전 콘스탄츠에서 이단으로 몰려 화형당한 얀 후스를 기억하는 시민들과 프리드리히 현제의 도움으로 루터는 간신히 그곳을 빠져나왔다. 카예탄은 프리드리히 현제에게 루터를 추방하거나 교회에 인도하도록 요구했다. 프리드리히 현제는 루터가 아직 이단자로 공식 단죄되지 않았다며 그것을 거부했다.

교황은 신학자 에크(Johannes Eck)에게 라이프찌히에서 루터를 만나게 했다(라이프찌히 논쟁 1519년 7월). 이 자리에서 루터는 교황권 신수설(神授說)과 공의회 무류성(無謬性)을 거부했다. 물론 논쟁 그 자체만 보면 루터는 노련한 달변가인 에크에게 패했다. 이에 그는 단순히 사면부 판매에 반대하는 것이 아니라 천주교회 체제가 안고 있는 거대한 모순에 도전해야 할 필요를 느꼈다. 교회 개혁 대신에 루터만 돌려세우려는 교황의 시도들은 결국 루터의 개혁의지를 더욱 더 발전시키는 결과를 낳았다.

라이프찌히 플라이센부르크에서 열린 루터와 에크의 신학논쟁(Carl Friedrich Lessing)

한편 교황청은 "멧돼지 한마리(루터를 가리킴)가 당신의 포도원(교회를 가리킴)에 침입하였나이다. 모든 성자들과 우주적 교회여! 일어나소서. 당신들의 성경해석이 침해받았나이다"라는 말로 시작되는 "일어나소서, 주여(Exsurge Domine)"라는 칙서를 발표하여 만일 루터가 60일 안에 그 주장을 철회하지 않으면 파문시켜버리겠다고 했다. 이에 루터는《그리스도인의 자유

교황 레오 10세가 발표한 루터를 파문하는 칙서 "contra errores"

에 관하여》,《독일 기독교 귀족들에게 고함》,《교회의 바벨론 포로》등 책 세 권을 쓰는 한편 교황이 정한 60일째 되는 날 비텐베르크 엘스터문에서 교황의 칙서(contra errores)를 불태우는 것으로 대답을 대신했다. 그러자 교황은 "로마 교황은 이렇게 말한다(Decet Romanum Pontificem)"는 칙서를 발표하며 루터를 공식적으로 파문했다.(1521년 1월) 이로써 루터와 로마 카톨릭 교회는 서로 건널 수 없는 강을 사이에 두고 갈라서게 되었다.

1505년 7월 2일 루터가 쉬토테른하임에서 만난 벼락이 그 개인의 역사를 뒤바꾼 사건이라고 한다면(22세 때), 이 날 내건 95개 조항은 인류 역사의 흐름을 뒤바꾼 사건이라고 불러도 좋으리라(34세 때).

이 때 루터가 쓴 작은 책 세 가지를 간단히 살펴보면 다음과 같다.

① 루터가 8월에 쓴《독일 크리스천 귀족에게 고함》은 교회의 제도적 개혁을 언급하고 있다. 그는 세속 정부가 교회와 사회의 개혁에 주도권을 행사하기를 권유했다. 이를 위해 그는 세례 받은 사람은 누구나 다 제사장(만인 제사장설)이라고 주장했다. 곧 세례 받은 이는 모두가 제사장(sacerdotes)이고, 성직자는 단지 하나님의 위임을 받아 교회와 성도를 목회하는 교역자(ministeri)라는 것이다. 그는 교황주의가 다음과 같은 세 개의 '벽들'을 세워 개혁을 막으려 한다고 보았다.

1. 영적 권위자들이 세속 권위자들보다 우월하다는 것
2. 교황만이 성경의 최종적 해석자라는 것
3. 교황이 교회회의들보다 우월하다는 것

그러므로 루터는 이 벽들을 모두 허물어 버리려는 뜻으로 이 소책자를 썼던 것이다.

②《교회의 바벨론 포로》는 10월에 쓰여졌다. 이는 신학적 개혁 특히 성례전 교리 및 시행에 관련된 것이다. 그는 로마 천주교회의 성만찬론에는 문제점이 세 가지(포로 상태)가 있다고 보았다.

    1. 평신도에게 포도주를 금하는 것

    2. 화체설

    3. 미사를 희생제물로 여기는 것

그리고 루터는 천주교회가 성례전으로 보는 일곱 가지 가운데 두 가지(세례와 성만찬)만 성례전으로 인정했다.

③ 11월에 쓴《크리스천의 자유에 관하여》에서 그는 두 가지 명제를 다루었다.

    1. 크리스천은 전적으로 자유로운 만물의 주인이며, 주님 이외에 그 누구에게도 종속되어 있지 않다.

    2. 크리스천은 전적으로 충실한 만물의 종이며, 모든 사람에게 종속되어 있다.

이 명제들은 사도 바울이 언급한 자유에 대한 이해를 가장 적절하게 해석한 것이다. 이것은 그리스도인의 삶 전체를 간략하게 요약한 것으로, 루터는 복음이 주는 절대적인 자유와 이웃을 향한 절대적인 섬김의 모습 사이에는 아무런 모순이나 갈등이 있을 수 없다고 말했다.

개신교회 일부에서 면죄부라 부르는 것은 라틴말 인둘켄치아(indulgentia = Ablass, Indulgenz)에서 왔다. 이 말은 본디 '관용, 부드러움, 은혜'라는 뜻인데, 나중에 교회에서는 대사(大赦: 사면 赦免, 면벌 免罰)라는 뜻으로 쓰이게 되었다. 이

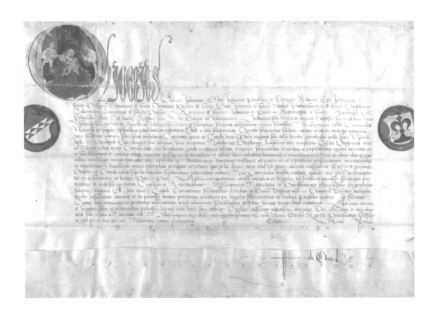

사면부

것은 '죄와 벌을 면제해준다'는 뜻보다는 '받아야 할 벌을 면제해준다'는 뜻이다. 그러므로 면죄부라기보다는 사면부(또는 면벌부)라 부르는 것이 옳다(천주교회는 교황이 베푸는 이 사면을 대사[大赦]라고 부른다).

천주교회는 성경이 가르치는 회개를 시편낭송이나 자선행위, 성지순례, 예배참석 등 구체적인 행위로 실행할 때 죄의 용서를 선언했다. 이때 회개에는 세 단계가 있다. ① 마음 깊이 통회하기(contritio cordis) ② 입술로 고백하기(confessio oris) ③ 선행으로 보상하기(satisfactio operis). 여기에는 개인이 회개하는 것과 공동체가 회개하는 것 등 여러 가지 형식이 있다.

중세에 들어와 공동체나 개인이 공개적으로 회개하는 것 말고도, 성직자에게 은밀하게 고백하는 것(고해)이 강조되었다. 제1차 니케아 공의회(325년)는 (대)주교가 세례를 받고 나서 중죄를 지은 사람에게 일정한 회개의 과정을 밝게 한 다음, 그 죄를 사해줄 수 있다고 결의했다. 1215년 제4차 라테란 공의회는 고해를 성례전으로 받아들였다(고해성사). 이로써 성직자의 사죄선언에 무게가 실리게 되었다(ego te absolvo=나는 너를 풀어주노라). 그리고 지옥에서 받을 영원한 형벌이 고해성사와 사면(사죄선언)으로 면제된다는 믿음이 생겨났다.

사면부 판매에 앞장 선 요하네스 테젤

기록에 따르면 11세기 남프랑스에서 교회당을 지으려고 사면부를 발행한 것이 최초의 사례이다. 교황 우르반 2세는 1095년 제1차 십자군 전쟁 참여자들에게 완전한 사면을 약속했다. 1300년에 보니파츠 8세는 '희년사면부'를 공시했다. 그 해에 로마를 방문한 그는 정해진 경건훈련을 받는 사람 모두에게 사면부를 발행했다. 당시 교황청은 100년에 한번 이것을 발행하겠다고 하였지만 점차 50년마다, 25년마다로 줄어들었다.

교황 식스투스 4세는 이미 죽어 연옥에 머무는 사람을 위해 그 가족에게 사면부를 팔았다(1476년). 당시 신학자들은 이런 대사를 신학적, 법적으로 뒷받침하며 합리화시켰다. 교황 레오 10세(1513-1521)가 발행한 사면부는 수표처럼 통용되는 등 잇따라 과도하게 혹은 그릇되게 쓰이곤 했다.

'대사'는 영적 회개를 구체적으로 실행하는 것이 아니라 회개 여부와 관계없이 돈으로 사고파는 것으로 전락했다. 사실 죄 값을 돈으로 대신 치르는 것은 중세 사회에서 일반적으로 통용되었는데 그 관습이 교회로 흘러들어온 것이다. 예를 들어 7세기 영국에서 기록된 회개서(das Beichtbuch)에는 신앙적 죄의 대가로 앞서 말한 회개의 행위 이외에 교회에 기부금을 내는 것으로 대신할 수 있게 죄의 종류와 금액을 적은 도표가 들어 있다.

사면부 판매에 마인츠 대주교인 알브레히트(1490-1545 Albrecht II. Markgraf von Brandenburg)와 막데부르크의 도미니칸 수도사 테첼(Johannes Tetzel 1465-1519)이 적극 뛰어들었다. 특히 테첼은 '금고에 돈이 떨어지는 소리가 남과 동시에 (지옥불에 시달리던) 영혼이 하늘나라로 튀어올라 간다'고 말하며 곳곳을 찾아다녔다. 그는 터키와 전쟁하는데 필요한 자금과 바티칸의 베드로 대성당을 완공하는 데 드는 막대한 자금을 조달할 책임을 맡은 것이다. 이 시기에는 특히 베드로 사면부가 널리 판매되었다. 이는 교황 율리오 2세에 이어 등장한 레오 10세가 이전부터 시작된 바티칸의 성베드로 대성당을 완성하려고 발행한 사면부를 가리킨다.

이에 대해 루터는 95개조 86항에서 '오늘날 이 세상 제일가는 부자보다도 더 많은 재산을 가진 교황이 가난한 신자의 돈 대신에 자기 돈으로 성 베드로 대성당쯤은 세울 수 있지 않는가?'라고 말했다. 이에 자신이 다스리는 지역의 돈이 로마로 흘러들어가는 것을 막으려고 작센의 선제후인 프리드리히는 자신의 영지에서 이것을 팔지 못하도록 금지시켰다.

죄의 용서는 예수 그리스도의 은총 아래 오직 하나님만 하실 일이라 믿는 루터는 이런 사면부의 신학을, 더구나 타락한 사면부 판매행위를 받아들일 수 없었다. 비록 예수님께 천국열쇠를 받은 베드로의 후계자로 자처하는 교황이라도 이런 식으로 베푸는 사면에 관해서는 성경 어디에도 그 근거를 찾을 수 없었던 것이다. 물론 그는 사도 시대부터 전해 내려오는 사죄의 직무를 부정하지 않았다.(사도들이 전하는 사면의 진리에 반대되는 말을 하는 자는 추방과 저주를 받으리라 - 71항)

그가 사면의 권한을 토론하자며 내건 95개 항의 일부를 살펴보면 다음과 같다.

> 사면부로 자신이 확실하게 구원을 받는다고 믿는 사람은 그렇게 가르치는 사람들과 함께 영원히 저주를 받을 것이다(32항).

> 어떤 그리스도인이든 진심으로 자기 죄에 대하여 뉘우치고 회개하는 사람은 사면부가 없어도 형벌과 죄책에서 완전한 사함을 받는다(36항).

> 가난한 사람을 보고도 본 체 만 체 지나쳐버리고, 사면을 받고자 돈을 바치는 사람은 교황의 사면이 아니라 오히려 하나님의 진노를 산다는 것을 그리스도인들에게 가르쳐야 한다(45항).

> 만일 교황이 주장하는 대로 사면부가 돈을 벌기 위한 것이 아니라 영혼의 구원을 위한 것이라고 한다면, 무엇 때문에 오래전부터 주어 오던 증서나 사면부의 효력을 정지시키는가? 그것들도 지금 발행하는 사면부와 똑 같은 효력을 지닌 것이 아닌가?(89항)

루터의 종교개혁 운동과 그에 대한 여러 나라 시민의 뜨거운 반응에 놀란 천주교회는 반종교개혁운동을 일으켰다. 이를 통해 사면부의 오용을 바로잡는 한편 사면부의 신학적 기초를 다시 정립했

사면부

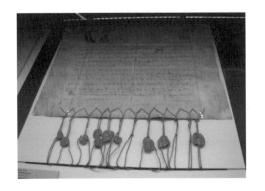

다. 1967년 교황 요한 바오르 4세는 그 전통을 재확인하였으며, 1998년 교황 요한 바오르 2세는 2000년의 대사(大赦)를 준비하는 칙령을 발표했다.

사실 성직자가 신자에게 사죄를 선언할 수 있음은 하나님께서 주신 특권이자 은총이다. 바로 이런 이유 때문에 이를 사용함에는 신중에 신중을 기하여야 한다. 만일 하늘을 우러르고 땅을 굽어보아 한 점 부끄럼 없이 하겠다는 결단 없이 사죄선언의 은총(특권)을 사용한다면 하나님께 엄청난 죄를 짓는 것이다.

루터의 95개 조항을 보는 우리는 그 당시 교회에는 사면부가 문제였지만 오늘날 교회에는 그 어떤 것이 성경의 가르침이나 신앙적 전통에 어긋나는가 하는 점을 진지하게 되돌아볼 일이다.

07

보름스에서 황제와
제국 앞에 선 루터 (1)

'독일에서 제일 오래 된 도시가 어디일까'라고 물으면 항상 두 도시 이름이 떠오른다. 모젤강변의 트리어(Trier)와 라인강변의 보름스(Worms). 공식적으로는 '니벨룽엔의 도시' 보름스가 로마제국의 도시 트리어보다 먼저 세워진 것으로 결론이 났는데도 사람들 입에서는 이것이 아직도 화젯거리이다.

보름스는 켈트족으로부터 시작된 오랜 전통을 지닌 도시이다(Borbetoma-gus). 기원전 50년에 이 도시가 로마의 손에 들어갔는데, 그들은 이곳을 키비타스 방기오눔(Civitas Vangionum)이라 불렀다. 게르만 민족이 대이동하여 자리를 잡기 시작하던 시절에 이곳은 브르군드 왕국의 중심이었다가(413년) 436년 훈족에게 넘어갔다. 이 때 니벨룽엔 신화에 나오는 영웅들 곧 지그프리이드 권터 그리고 트론제의 하겐과 크림힐트가 이곳에서 피를 흘리며 죽어갔다. 그렇게 쫓겨난 브르군드 왕가는 스위스 제네바 쪽으로 이동하였다(루터 시절 신성로마제국 황제인 칼 5세는 그 후손으로, 브르군드 왕족에 속한 사람이다).

나중에 게르만족의 손에 들어간 보름스는 614년 이후 대주교의 도시이자 프랑크족의 팔츠(궁성)로 되었다. 898년부터 왕권이 대주교에게 넘어갔다(부

보름스의 루터 기념교회

르카르트[Burchard] 대주교가 11세기 초에 완전히 도시 전체를 자기 손에 넣었다). 1273년에 보름스는 제국의 자유도시로 인정받았다(합스부르크 왕가의 루돌프 대왕).

1659년에 팔츠의 선제후가 이곳을 자신의 궁성도시로 삼겠다고 제안했을 때 보름스는 이를 거절하고 자유도시로 남았다. 1689년 상속권 전쟁 때(팔츠 영주와 루이 14세의 상속권을 둘러싼 전쟁) 프랑스 군대에게 점령당해 완전히 파괴되었다. 그 후 1797-1801년 나폴레옹 군대에게 점령당해 프랑스 식민지로 있던 이곳은 1816년 비인동맹(der Wiener Kongress)으로 자유를 얻어 헤센-다름쉬타트 주에 속하였다가, 2차 세계대전이 끝난 1946년부터 지금까지 라인란드-팔츠 주에 속하고 있다.

교회 역사에서 보름스는 두 가지 점에서 빼놓을 수 없이 중요하다. ① 신성로마제국 하인리히 4세와 로마교황 그레고리 7세(재위:1073-1085) 때부터

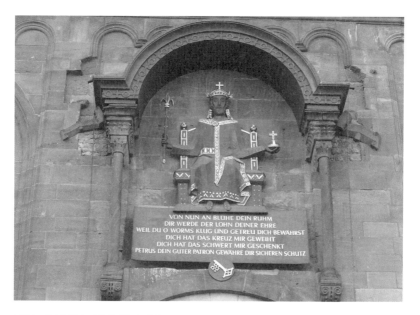

보름스 대성당 입구 벽에 새겨진 칼 대제

시작된 교황과 황제의 권력다툼(서임권 논쟁 및 1077년 카놋사의 굴욕)이 보름스 협
약(1122년 das Wormser Konkordat)을 통해 일단락되었으며 ② 1521년 마틴 루터
가 이곳에서 종교재판을 받은 것이다(그는 4월 16-25일 이곳에 머물렀다).

　이제 21살 된 황제 칼 5세(1500-1558)는 자기 임기 중 첫 번째 제국의회를
1521년 1월 27일 보름스에서 열었다(일찍이 칼대제[746-814]도 이곳에서 제국총회와
제국의회를 연 적이 있다). 본디 이것은 궁전이 있던 뉘른베르크에서 열릴 예정이
었다가 그곳에 전염병이 도는 바람에 그 대신 황제의 별장이 있는 보름스에
서 개최되었다.

　3월 6일 황제는 루터에게 신변안전을 보장하며 제국의회에 나와 심문을
받으라는 명령서를 보냈다. 그리고 루터가 원하는 토론을 허락하지 않으며
오직 자신의 입장을 취소할지 말지에 대해서만 대답하라고 덧붙였다.

루터에 관계된 일은 이 제국의 회에 올라 온 여러 안건들에 비해 그리 중요하지 않은 의제처럼 보였다. 그러나 이것은 황제 권력과 영주 권력이 의회에서 대결하는 고리가 되었다. 선제후 프리드리히 현제(Friedrich der Weise von Sachsen)는 이 의회 전에 열린 제국의회원(영주들)모임에서 칼 5세가 1519년 선출될 당시 합의하였던 선거협정(Wahlkapitulation)을 지키라고 아주 강력한 어조로 요구하였다. 그 내용은 '독일 국민은 어느 누구나 외국인의 재판정에 세우지 않을 것이며, 자국 안에서도 미리 정확하게 조사한

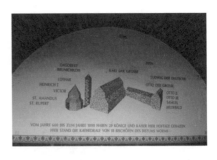

600~1000년 사이에 21명의 황제와 왕이 보름스를 다녀갔으며, 18명의 대주교가 이곳에 섰다.

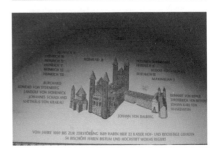

1000~1689년 사이에 22명의 황제가 보름스에서 제국의회를 열었으며 54명의 대주교가 섰다.

후에 판결을 내린다.'는 것이다. 이로써 루터를 적당히 심문한 뒤 생각을 바꾸게 하거나 로마로 넘기려던 황제의 계획은 처음부터 벽에 부딪혔다.

보름스로 길을 떠난(4월 2일 출발) 루터의 모습과 행동은 당시 천주교회가 기대한 것과 전혀 달랐다. 당시 교황과 황제는 루터가 과오를 뉘우치며 회개하기를 바랐다. 여행 일정이 더해 갈수록 그는 죄인이 아니라 영웅이 되어 가고 있었다. 가는 곳마다 환영인파가 모여들었고 설교를 부탁받았다. 에어푸르트에서는 대학총장과 대학 운영위원회 앞에 당당하게 입장하기도 하였다. 그는 보름스로 향하던 길목들 곧 라이프찌히 에어푸르트 아이젠나흐에서 당당한 자세로 설교말씀을 증언하였다.

보름스에 도착하기 전날, 그가 반나절 거리 정도 떨어진 오펜하임(Oppen-heim)에 머물 때 스트라스부르크의 종교개혁자 마틴 부처(Martin Bucer 1491-1551)가 그리로 찾아왔다. 그는 루터에게 닥칠 위험을 염려하면서 보름스로 가는 대신에 지킹엔스의 프란츠(Franz von Sickingens)가 제안하는 대로 에버른부르크(Ebernburg)로 피신하라고 권유하였다. 그곳에 루터를 추종하는 무리들이 많이 있을 뿐만 아니라 황제의 대부인 장 글라피옹이 루터에게 조언을 하려고 기다린다는 것이다. 루터는 그것을 단호히 거절하며 말하였다.

나는 내 길을 계속 갑니다. 만일 황제의 대부가 나에게 할 말이 있다면 보름스에서도 얼마든지 할 수 있습니다.

이는 그가 전에 쉬팔라틴에게 보낸 편지에서 밝힌 입장과 일치한다(이 글이 4월 14일 주일에 주보 '주님의 자비 Misericordias Domini에 실렸다).

후스는 화형을 당하였지만, 이는 진리를 따른 것이 아니었습니다(신약성경에서 두 곳을 인용한 다음에). 비록 모든 문들마다 지옥문이며 폭력의 기운이 감돌더라도 그리스도가 살아 계시기에 우리는 보름스로 가렵니다.

쉬팔라틴은 이 글에 '비록 지붕 위의 기왓장 숫자보다 마귀의 숫자가 더 많더라도 루터는 반드시 보름스로 가고자 하였다'라고 해석을 덧붙였다.

이 여행 말미에 루터는 상당히 위력적이고도 감동적인 찬송가를 지은 것으로 보인다. 비록 이것은 1529년에 처음 인쇄되었지만, 그 가사는 보름스로 향하는 여행길에 대한 주석인 듯하다. '내 주는 강한 성이요'로 시작하는 그 찬송가(585장)의 3절은 다음과 같다.

이 땅에 마귀 들끓어 우리를 삼키려 하나 겁내지 말고 섰거라. 진리로 이기리로다. …

이 가사는 루터의 신앙과 신학을 대변할 뿐만 아니라, 거대한 교회 권력과 죄악의 세력에 흔들리지 않고 맞섰던 그의 태도를 말해주는 것이다. 시골에 사는 일개 신부(수도사)가 수많은 귀족들과 황제와 교황, 그리고 그들을 따르는 엄청난 군대 앞에서 당당하였던 보름스의 일을 놓고 사람들은 오늘날 이렇게 말하곤 한다.

오펜하임에 가거든 포도주를 마시지 말고 그곳에서 숙박을 하지 말아라(루터처럼 눈앞에 뵈는 것이 없을 정도로 용감해지면, 세상살이가 힘들어질 테니).

보름스 피플리흐하임(Pfiffligheim)에 가면 루터바움스라트쎄(루터나무거리)가

루터의 나무(1883년, 왼쪽 위에 것은 1870년)

루터 나무

있다. 그 사연은 이렇다. 루터가 보름스로 오던 날 그 마을에 살던 할머니 두 사람이 루터의 신앙이 옳으냐 천주교 신앙이 옳으냐로 다투었다. 종교적인 논쟁은 늘 결론이 나지 않는다. 그날도 그랬다. 한참 다투던 개신교인 할머니가 말로는 통하지 않으니까 자기 지팡이를 땅에 꽂으며 말했다. '개신교 신앙이 옳다면 이 지팡이에서 싹이 날 거다.'

며칠 뒤에 보니 정말 싹이 났다. 그리고 위의 그림으로 보듯이 무성하게 자라 1870년에는 높이가 30m 둘레가 9m에 달했다. 그러다가 수명이 다했는지 1949년에 죽었다. 1954년 이래 그 자리에 조형물이 자리잡고 있다. 지금 것은 1999년에 새로 만든 것이다.

이밖에도 루터에게는 나무와 관련된 일화(명언)가 몇 가지 있다. 그 가운데 가장 유명한 말은 '내일 지구가 망할 것을 알게 되더라도 오늘 나는 사과나무 하나를 심겠다'이다.

08

보름스에서 황제와
제국 앞에 선 루터 (2)

보름스 시민들은 루터를 열렬히 환영했다. 4월 16일 오전 그가 마리아문을 통과해 시내로 들어오자 지킹엔스의 프란츠 휘하의 기사 100여 명이 그를 에워싸 마치 영주를 호위하듯 했다. 2000여 명의 군중이 그를 보려고 거리로 몰려 나와 켐머러가쎄(Kämmerergasse)에 있는 그의 숙소 요한니터호프(Johanniterhof) 근처를 가득 메웠다. 이때 많은 사람이 지붕에 올라가 루터를 지켜보아야 할 정도로 사람들이 몰려들었다.

4월 17일 루터는 대주교의 궁전 대강당에서 황제와 제국의회에게 첫 심문을 받았다. 황제 칼 5세와 그 동생 페르디난드 대왕, 선제후 6명, 왕들과 대주교 등으로 구성된 제후 80명, 각 자치도시의 수장 200명, 그밖에 100여 명이 종교재판정에 선 루터를 지켜보았다. 이 자리에 약 20여 권의 책을 들고 나온 엑켄의 요한 박사(Johann von Ecken 당시 트리어의 대주교)가 루터에게 라틴 말과 독일 말로 물었다.

황제가 쓰던 별장(1689년 프랑스 군대에게 완전히 파괴됨)과 대성당

신성로마제국 황제 앞에서 종교재판을 받는 루터(보름스 제국의회)

마틴 루터, 황제의 권위를 빌어 두 가지 사실을 확인하러 그대를 불렀습니다.

첫째로 그대 이름으로 퍼져나가는 여기 이 책들이 그대가 출판한 것이 맞는가

하는 점입니다. 둘째로 만일 그대가 이 책들을 썼다면 그대는 아직도 그 내용을 정당하다고 생각하는지, 아니면 그대 입장을 바꿀 의사가 있는지를 말해 주시오.

첫 번째 물음에 루터는 힘 빠진 목소리로 '그 책들을 내가 쓴 것이 틀림없으며, 나는 그 사실을 결코 부인하지 않겠습니다'라고 대답했다. 두 번째 물음에는 곧바로 대답하는 대신에 이렇게 말했다.

나는 준비 없이 무엇인가를 주장할 때 생기는 내 자신이나 진리를 훼손시킬 위험을 감수할 만큼 뻔뻔스럽지 못합니다. 이 두 가지는 오직 그리스도의 말씀으로만 소멸될 수 있습니다. 그리스도께서 '누구든지 사람 앞에서 나를 부인하면 나도 하늘에 계신 내 아버지 앞에서 그를 부인하리라'(마 10:33)고 말씀하신 그대로입니다. 그러므로 나는 황제폐하의 권위로 생각할 시간을 더 주시기를 간곡히 부탁드립니다. 이는 하나님 말씀과 제 자신의 영혼에 상처를 입히지 않으면서 주어진 물음에 올바르게 대답하기 위함입니다.

이에 내일 오후 4시에 다시 오라는 말을 듣고 루터는 그 자리에서 벗어났다. 이날 루터가 보여준 맥 빠진 모습은 그를 반대하는 사람들에게는 물론 지지하는 사람들에게도 실망을 안겨주었다. 이날 루터의 모습을 본 칼 5세는 '그가 나를 이단 심판자로 만들지는 않을 것이다'라고 말할 정도로 그는 무기력해 보였다.

그 다음날 제국의회장은 영주들 일부가 서 있어야할 만큼 사람들로 가득 찼다. 루터는 전날과는 전혀 딴판으로 맨 뒷자리에서도 잘 들릴 정도로 우렁차게 - 먼저 라틴어로 그 다음에 독일어로 - 대답했다. 그는 자신이 지은 책들의 성격을 ① 그리스도교인의 믿음과 생활습관을 가르치는 교훈적인 것

② 교황과 교황청의 가르침에 반대하는 것 곧 이 지상에서 살아가는 그리스 도인들의 영혼과 몸을 그릇된 길로 이끌어 가는 것을 반대하는 것 그리고 ③ 논쟁적인 것 등 세 가지로 분류했다. 그리고 앞의 두 가지 성격의 저작들에 담긴 내용을 절대로 취소할 수 없다고 말했다.

그는 교황청이 만든 법들은 믿는 자들의 지식을 꽁꽁 묶는 사슬이며, 결국 죽음의 길로 이끈다는 사실이 여러 곳에서 증명되고 있으며, 무엇보다도 자랑스러운 독일 민족의 자산을 좀 먹고 또 앞으로도 좀 먹는 압제자임이 분명하다'면서, 만일 자신이 쓴 이 저작을 취소한다면, 자기 자신이 곧 압제자와 다를 바 없을 뿐만 아니라, '그들이 경건하지 않게, 그리고 하나님 없이 살아가는 모습을 더욱 강화시키고, 그들이 지금까지 해오던 악행들을 아무런 장애물 없이 활개치며 행하도록 창문만이 아니라, 대문까지 열어주는 결과가 될 것이다. 사랑하는 나의 하나님, 제가 어떻게 이 압제자들의 깃발이 될 수 있겠습니까?'라고 대답했다.

아울러 세 번째 성격의 책들에 대해서도 그는 '종교성이나 자기 직업의 성격에 비추어 볼 때 격렬하고 날카롭다는 것'을 인정하면서도 그 내용이 성자들이나 자기 자신의 삶에 관한 것이 아니라 그리스도의 가르침에 관계된 것이기에 취소할 수 없다고 말했다. 그리고 만일 누군가가 '성경에 기초하여 보다 나은 가르침을 준다면 그 오류를 수정하거나 그 책들을 불 속에 던져버릴 용의가 있다'며 여지를 남겨 두었다.

이에 트리어의 대주교이자 이 재판을 진행하던 엑켄의 요한 박사는 화가 난 목소리로 '마틴, 그대는 의심 없이 믿어야 할 일들을 논쟁거리로 만들려 하고 있소. 이제 그대 입장을 취소할지 말지를 최종적이고 정확하게 딱 잘라서 대답해 주시오.' 이에 루터가 대답했다.

'교황이나 공의회의 결정이 아니라 성경이나 밝은 이성에 바탕을 두어 분명하게 설득하지 않는 한 나는 잘못을 인정하지 않을 것입니다. 왜냐하면 그들은 많은 오류를 범해왔으며 서로 반대되는 결정을 내리곤 하였기 때문입니다. 내 의견과 신념은 내가 인용한 성경 각 구절과 하나님 말씀에 의해서만 변경될 것입니다. 그러므로 이 자리에서 나는 아무것도 취소할 수 없고 또 취소하지도 않을 것입니다. 왜냐하면 그것은 위험한 행동이며 양심에 거슬릴 뿐만 아니라 내 신념에도 어긋나기 때문입니다. 하나님이시여, 도우소서. 아멘.'

루터의 말이 끝나자 장내는 물을 끼얹은 듯 조용해졌다. 긴장감 넘치는 이 침묵을 깨고 엑켄의 요한 박사가 말했다. '마틴, 네 확신대로 하거라. 너는 크나큰 오류에 빠져 있어.' 잠시 침묵이 더 흐른 뒤에 황제는 이 재판을 끝낸다고 선언했다.

회의장을 빠져나온 루터는 하늘을 향해 손을 번쩍 들고 '이제 끝났다(ich bin hin durch = 이제 통과했다)'라고 말했다. 한편 일부 영주들 사이에 황제의 허락 아래 루터와 타협하자는 주장도 제기되었으나 루터는 신앙과 양심상의 문제라며 그 제안을 받아들이지 않았다.

1521년 4월 26일 루터는 비텐베르크로 돌아가려고 오펜하임으로 길을 떠났다. 그리고 이날 칼 5세는 루터를 재판한 결과를 프랑스 말로 직접 써서 다음과 같이 발표했다.

그대들은 짐이 고귀한 독일 국가의 황제들, 스페인의 천주교 군주들, 오스트리아의 대왕들, 부르군드 왕들의 후손으로 태어났음을 알고 있다. 그들은 죽을 때까지 모두 로마교회의 신실한 후손들이었다. 그들은 언제나 천주교 신앙의 수호자였으며, 거룩한 관습과 칙령들, 예배 드리는 습관을 지킨 사람들이다. 그리고 이 모든 것과 권력을 짐에게 유산으로 물려준 사람들이며, 짐 또한 여태까지 그들의 모범을 따라 살아왔다. 그리하여 짐은 선조들과 콘스탄츠 종교회의 및 그 이후의 모든 결정에 확실히 따르기로 했다. 왜냐하면 기독교 세계 전체의 공통된 견해에 반대하는 입장이라고 한다면, 어떤 형제(수사) 한 사람이 오류를 범한 것이 틀림없기 때문이다. 그리고 만일 이 형제가 옳다면 기독교는 천년이 넘도록 오류를 범해 왔다는 말이 되는 것이다.

그러므로 짐은 여러 왕국들과 그 영역들, 친구들, 짐의 몸과 피, 생명과 영혼을 기독교 전체의 공통된 견해에 의탁하고자 한다. 만약 이 시대에 우리의 무관심 때문에 이단의 출현을 허용하고, 사람들의 마음에 담긴 참다운 기독교 신앙을 훼손시키는 일이 생기도록 허락한다면, 우리 자신과 그대들, 명문 귀족들, 고귀한 나라 독일 모두에게 크나큰 재앙이 되고 우리와 우리 후손들에게 영원히 불명예가 될 것이다. 그대들 모두는 어제 여기서 루터의 고집스러운 대답을 들었다. 짐은 이제 그와 그 잘못된 가르침에 대해 진작 조처를 취하지 않은 것을 후회하노라. 짐은 다시는 그의 말을 듣지 않을 것이다.

그는 자기 길로 안전하게 되돌아갈 것을 보장받았다. 그렇지만 이제 그는 설교를 할 수 없고 그 좋지 않은 가르침을 다른 이에게 베풀거나 펴낼 수 없으며 대중 집회를 열 수 없다. 그리고 짐은 지금부터 그를 악명 높은 이단자로 여기며 그를 반대하게 될 것이다. 나는 이 일에서 이제까지 그대들이 지켜왔던 신앙대로, 그대들이 약속한 대로 그대들이 선량한 기독교인임을 드러내기를 그대들에게 권하노라.

5월 8일 칼 5세는 눈티우스 알레안더(Nuntius Aleander)에게 루터를 파문하는 칙서를 작성하도록 한 다음 제국의회 마지막 날인 5월 25일 이것을 발표했다(보름스 칙령 das Wormser Edikt). 이에 따르면 루터는 이단자이므로 아무도 그를 자기 집에 들이거나 음식물을 주지 말고 이야기도 나누지 말며 그 어떤 도

Textanfang des Plakatdrucks vom Wormser Edikt (Mai 1521)

보름스 칙령

루터 기념상

움도 베풀지 말라는 것이다. 그리고 만일 루터를 보거든 잡아서 재판정에 넘길 것이며 그에 상응하는 상금도 내리리라고 덧붙였다. 루터를 따르는 자도 벌을 받을 것이며 누구든지 루터의 말을 전하거나 그의 저작을 가지고 있거나 팔거나 베껴쓰거나 인쇄하는 자도 벌을 받을 것이라 했다. 이 내용이 널리 알려지자 독일 안에서는 루터를 옹호하거나 동정하는 목소리가 높아졌다. 뜻밖에도 그것이 오히려 루터를 돕는 결과를 가져왔다.

흔히 루터가 이곳에서 말한 것으로 알려져 있는 말 - '나는 이곳에 섰습니다. 나는 (진리를 따르는 것 밖에는) 다른 것을 할 수 없습니다(Hier stehe ich und kann nicht anders!).' - 는 그가 보름스를 떠난 후 일주일이 지난 뒤에 비텐베르크 지방에서 인쇄된 형태로 등장하기 시작한 것이다. 그 자리에 있던 사람들이나 그 회의록에서는 루터가 이렇게 말했다는 근거를 찾을 수 없다.

루터와 종교개혁운동의 협력자들, 종교개혁운동의 역사를 담은 조형물은 원래 자리에서 150미터쯤 떨어진 곳에 만들어져 있다. 이것을 만든 이는 리첼(Rietschel, 1868년)이다. 중앙에 있는 루터를 둘러싸고 이태리 북부 및 프랑스 남부의 발데스(Pertus Waldes 1184-1218), 영국의 위클리프(John Wicliff, 1320-1384 화형당함), 체코의 후스(Jan Hus, 1370-1415 화형당함) 및 이태리의 사보나롤라 (Hieronymus Girolamo Savonarola, 1452-1498 화형당함) 등 종교개혁 운동의 선구자 네 사람이 앉아 있다. 이는 루터보다 앞선 시대에 활동하였던 이 선각자들 덕분에 루터가 우뚝 서게 되었음을 가리키는 것이다. 루터 상에는 '나는 여기 서 있습니다. 다른 것을 나는 할 수 없습니다. 오 하나님, 나를 도우소서'라는 문구가 새겨져 있다.

루터의 협력자였던 작센의 영주 프리드리히(Friedrich der Weise), 헤센의 영주 필립(Philipp der Grosstige 1504-1567)과 로이힐린(Johannes Reuchlin 1455-1522), 멜랑히톤 등의 상이 세워져 있다.

여기 있는 여성상들은 종교개혁운동의 과정과 결과를 설명하는 뜻으로 만들어 놓았다. 예를 들면 아우그스부르크 종교평화회의, 프로테스탄트(= 개신교도)라는 이름을 처음 받은 도시 쉬파이어, 30년 전쟁 당시 파괴당한 막데부르크 등이 그것이다. 이밖에도 초기 개신교 도시 예나, 마아부르크, 노오틀링엔 등의 문장(엠블럼) 등이 새겨져 있다.

09

길고도 숨막히던 순간들

보름스에서 아이젠나흐까지

독일 남서부에 작은 도시 보름스가 있다. 니벨룽엔의 도시인 이곳에 오래
전부터 황제의 별장이 있었다. 여기서 1521년 4월 제국의회가 열렸다. 마틴
루터는 이곳으로 소환되었다.

보름스 제국의회에서 루터의 제2차 심문이 끝난 24-25일 사이 일부 고위
층이 루터의 입장을 바꾸어보려 시도했다. 루터를 직접 심문하였던 트리어
의 대주교이자 선제후, 바덴 지방의 수상 히에로니무스 베후스, 작센 지방의
왕 게오르그, 브란덴부르그의 영주, 요아킴 백작, 콘라드 포이팅어, 스트라스
부르크에서 온 한스 복, 브란덴부르그와 아우그스부르크의 주교들, 인문주의
자이자 신학자이며 알레안더스의 친구인 요하네스 코크로이스(이 제국의회 이
후 이 사람은 요하네스 에크 다음 가는 루터의 대적자였다) 등이 숙소로 루터를 찾아왔다.

그들은 《교회의 바빌론 포로》라는 책과 그 내용만 철회하면 그 나머지 사
항들에 대해서는 용인하겠다고 제안했다. 그들은 교회의 통일성이 깨어지고
난 다음에 일어날 정치적 파장을 크게 염려하면서 진지하고 참을성 있게 루
터를 설득하려 들었다. 특히 트리어의 대주교는 이런 걱정을 루터에게 자세

DIGNA BONA LAUDE SEMPER WORMATIA GAUDE
WORMS DU HOHER EHREN WERT FREUDE SEI DIR STETS BESCHERT

보름스를 빛낸 인물들

하고도 길게 설명했다. 이에 대해 루터가 '그들이 이제까지 나를 이렇게 부드럽고 친절하게 대우해 준 적이 없었다'라고 말할 정도였다.

루터의 입장은 확고했다. 자신의 입장은 개인적인 고집이나 목적에서 나온 것이 아니라 맑은 정신으로 하나님 말씀에 사로잡힌 것이며(capta conscientia in verbis Dei) '오직 말씀으로만'의 원칙에 따를 뿐이라고 그는 대답했다. '나는 성경으로부터 벗어날 수 없으며, 그 어느 것도 양보할 수 없다. 성경은 내 것이 아니라, 주 하나님의 것이다.'

루터가 재판을 받던 자리에는 '마틴 루터가 황제와 제국 앞에 서다, 1521년(Hier stand Luther vor Kaiser und Reich, 1521)'이라는 간단한 문구가 새겨진 돌판이 땅바닥에 놓여 있다. 그곳이 천주교회에 속한 땅이기에(지금은 보름스 대성당의 뒤뜰) 개신교회가 다른 기념물을 세울 수 없기 때문이다.

여기서 루터가 황제와 제국의회 앞에 서다. 1521년

4월 26일 보름스를 떠난 루터는 오펜하임(Oppenheim)에서 하루를 묵었다. 오펜하임에는 카타리나 교회당이 있다. 1225년 이 교회가 세워질 당시 교회는 지역 주민들에게 약속했다. '이 마을에서 죽는 사람은 모두 교회 묘지에 안장하겠다.' 교회는 그 약속을 꾸준히 지켰다. 그러나 세월이 많이 흐르면서 교회 묘지가 한계점에 다다랐다. 더 이상 묘자리가 없었던 것이다. 이에 교회는 일단 교회 묘지에 안장했다가 일정한 기간이 지나면(독일 법률로는 25년 이상) 그 유골을 파냈다. 그리고 유골실을 지은 다음 거기에 안치했다. 1750년에 새로 제정된 법률에는 이런 것이 금지되었기에 더 이상 할 수 없게 되었다. 지금은 1400-1750년 사이에 모인 유골 약 2만 기가 안치되어 있다.

그 다음 날 오펜하임을 떠난 루터는 비텐베르크를 향하여 길을 갔다. 그가 길을 가는 동안 카알 5세는 로마 교황청에서 작성한 문서(보름스 칙령)에 서명을 했다. 그 내용은 루터를 이단자로 정죄하는 동시에 그에 대한 모든 권리와 보호를 박탈하는 것이었다. 그리고 루터와 루터에게 동조하거나 돕는 자들, 루터의 글이나 서적을 소지하거나 파는 자를 누구든 화형에 처하겠다고 했다(5월 8일, 공식 발표는 5월 26일).

이런 사정을 모르는 루터가 탄 마차는 아이젠나흐를 지나고 있었다. 그 날 밤 루터는 종적도 없이 사라졌다. 그와 관련된 근거없는 소문들이 꼬리를 물고 퍼졌으며, 심지어 그가 살해되었다는 흉흉한 소문까지 무성했다. 그래서 네덜란드 안트베어펜에 머물던 알브레흐트 뒤러는 일기장에 이렇게 썼다.

카타리나 교회 유골의 집(Michaleskapelle)에 안치된 유골들

오펜하임의 교회당과 유골 안치실

오 하나님, 루터가 죽었습니다. 이제 누가 우리에게 거룩한 복음을 그가 하였던 것처럼 분명하게 밝혀줄 수 있겠습니까! 오, 하나님 그는 아직도 10년, 20년 동안 더 글을 남길 수 있었을 텐데요. 오 모든 경건한 그리스도인들이여, 하나님께서 우리에게 루터처럼 도통한 또 다른 사람을 보내주셔서 슬픔에 빠진 저를 위로하시도록 눈물로 기도드려 주시오.

보름스를 오가는 길에 루터가 머물렀던 집(오펜하임)

사실 그는 이 마을 근처에서 낯모르는 사람들에게 납치를 당했다. 나중에 알고 보니 이는 선제후 프리드리히(Friedrich der Weise)가 루터를 안전하게 보호하려고 신임하는 부하들을 시켜 몰래 꾸민 연극이었다. 물론 이 납치극은 상당한 위험을 감수하고 감행한 일이었다. 이미 어느 누구도 루터를 보호해주어서는 안 된다는 황제의 칙령이 내려진 상태였기 때문이었다. 루터는 아이젠나흐의 봐르트부르크 성으로 잡혀왔다. 그가 이 성 안에 있다는 것은 절대 비밀이었다. 그는 머리와 수염을 길게 길러 변장을 하고 이름도 융커 요르크(Junker Jörg)라 했다.

루터는 대학에 들어가기 전에 아이젠나흐에서 4년 동안 고등학교를 다녔다. 나중에 그는 자신의 생애에서 가장 행복한 시간을 보낸 곳이 아이젠나흐라고 여러 차례 언급했다. 독일 궁성들의 고전적인 모델이었던 이 성은 1131년부터 1247년까지 루도빙어(Ludowinger) 왕가가 머물던 주거지였으며, 헤르만 1세(Herrmann I, 1190-1217)가 다스리던 시절에 중세 독일 궁정-기사문화의 중심지였다. 이 성에서 일주일을 지낸 후 그는 이렇게 썼다.

아이젠나흐의 봐르트부르크 성 안뜰

나는 특이한 포로였다. 왜냐하면 이곳에 있는 것이 내 뜻이기도 하고 아니기도 하기 때문이다. 이것이 내 뜻인 이유는 주님이 그것을 원하시기 때문이며 내 뜻이 아닌 이유는 내가 진정으로 원하는 것은 공개적으로 말씀을 전하는 것이기 때문이다. 그렇지만 나는 이런 것에 개의치 않을 것이다.

　루터의 행방과 생사가 불확실해 뒤숭숭할 때 비텐베르크에 사는 친지들에게 편지 한 통이 비밀리에 전달되었다. 이 편지를 받아본 친지들은 깜짝 놀랐다. 그것은 루터가 직접 쓴 편지였다. 편지는 '나의 밧모섬으로부터'라고 시작되었다(밧모섬은 요한계시록을 기록한 요한이 귀양 가 머물던 곳이다). 루터는 자신의 처지와 외로움을 밧모섬에 갇혀 있던 사도 요한으로 상징하여 말한 것이다(계 1:9 참조).
　이곳에서 그는 적대자들로부터는 물론 친구들과 동지들로부터도 완전히

봐르트부르크 성 루터의 방

동떨어진 채 생활했다. 그리고 병(치질?)에 시달리는 한편 악령(사탄)의 시험에 빠지는 등 고독하고 힘든 시간을 보냈다. 그는 말했다.

하나님께서 뒤에서 나를 쳐서 고통을 안겨주셨습니다. 대변을 보려면 땀이 흐르고 힘이 듭니다. 어제 나는 나흘 만에 간신히 대변을 보았습니다. 그래서 나는 밤잠을 이루지 못하며, 조용한 시간을 즐기지 못합니다. 나를 위해 기도해주십시오. 만일 이 고통이 지금처럼 계속된다면, 나는 견뎌내지 못할 것입니다.

그러나 고독하고 힘든 기간을 영적으로 이겨내는 사람은 승리한다. 스트라스부르크에 사는 친구에게 보낸 글에서 그는 말한다.

이 힘겨운 외로움 속에서 나는 사탄 천 명에게 짓눌리고 있음을 고려해주십시오. 나는 자주 넘어집니다. 그러나 주님의 오른손이 나를 다시 일으켜주십니다.

10

오직 말씀으로

성경 번역

보름스 제국의회에서 종교재판을 받은 이후 루터가 작센지방 영주 프리드리히 현제(Kurfürst Friedrich dem Weisen)의 도움으로 아이젠나흐에 있는 봐르트부르크 성에서 숨어 지낸 기간은 10개월 남짓했다.

루터의 생애를 살펴보면 위기를 맞을 때일수록 더욱 왕성하게 저술 활동을 했다. 이 기간에 그는 12편의 책과 논문을 저술했다. 이 시기에 그가 신약성경을 독일어로 번역한 것은 그가 한 일들 가운데 가장 빛나는 업적이다. 그는 이 번역에 집중하여 시작한 지 12주 만에 완성했다.

루터가 성경을 번역한 방(Lutherstube)은 이후 역사적인 장소가 되었다. 이 방이 더욱 유명해진 것은 그가 성경을 번역하는 동안에 사탄에게 시달렸으며 그 때 잉크가 묻은 펜을 휘둘러 사탄을 쫓았다는 전설같은 이야기 때문이다. 그래서 루터의 방을 찾는 사람들은 지금도 벽의 어디에 그때 그 잉크자국이 있느냐고 묻곤 한다.

그 당시에는 누구나 성경을 읽을 수 없었다. 성직자들만 그것에 접근할 수 있었고 일반인에게는 '닫혀진 책'이었다. 당시 천주교회는 오해를 불러일으

Handschriftprobe zu Luthers Bibelübersetzung
(Stelle: 1. Kön. 7,9–22) (aus der Zerbster Luther-Handschrift)

루터의 성경 번역본(친필). 왕상 7:9–22

Textseite aus Luthers September-

인쇄본으로 나온 루터의 성경 번역(일명 9월성경)

킬 소지가 있다는 이유로 성경을 아무나 읽지 못하게 했다. 쉬스마(1278-1417) 이후로 성경을 읽고 싶어하는 요청이 많아졌으나, 1480년에 마인츠 대주교 알브레히트는 그동안 여러 번 되풀이해왔던 명령을 다시 강조하며 평신도가 성경에 접근하는 것을 엄격히 금지시켰다. 루터 자신도 1503/04 겨울학기 때 에어푸르트 대학교 도서관에서 처음으로 성경을 읽어 보았다고 한다. 나중에 그가 탁상담화에서 밝힌 것에 따르면, 카알쉬타트는 신학박사 학위를 받은 지 8년이 지나서야 비로소 성경을 처음 읽었다는 것이다.

이런 상황에서 글을 아는 사람이라면 누구나 성경을 읽을 수 있는 길을 터준 것은 금속활자를 만들어낸 구텐베르크와 더불어 히브리어와 그리스어로 쓰인 성경을 독일어로 번역한 루터의 공로이다.

루터는 번역과정에서 일상생활 언어(Umgangssprache)와 문장 언어(Literatursprache) 사이에서 어느 쪽을 선택하느냐에 많이 고심했다고 한다. 그리고 독일어의 문장구성에도 세심한 주의를 기울였다. 그는 대중적인 언어이면서도 품위를 해치지 않는 용어들을 골라 성경 번역에 사용했다. '가정에서 어머니와 뒷골목에서 아이들이, 그리고 시장에서 일반사람이 어떻게 말하는가를 보아야' 한다는 것이 그의 번역 원칙들 가운데 하나였던 것이다. 그는 문체와 문장의 대장장이였다. 그가 보통 사람들의 언어를 사용하려고 상당한 관심을 기울인 사실은 쉬팔라틴에게 보낸 편지에서 나타난다.

우리들은 당신에게 때때로 적합한 단어를 물어볼 것입니다. 그러나 우리들에게 단순한 말을 가르쳐 주십시오. 궁정이나 성 안에서만 쓰는 용어는 사절합니다. 왜냐하면 이 책은 단순성으로 유명해져야 하기 때문입니다.

종교개혁운동의 이념 중에 하나가 '오직 말씀만으로(sola scriptura)'이다. 이 원리가 성경 읽기와 성경 연구로 이어지는 것은 아주 자연스러운 일이다. 루터는 글을 아는 사람이라면 누구나 읽을 수 있는 평이하면서도 정확한 독일 말 성경을 출판할 생각을 하게 되었다. 물론 루터가 봐르트부르크 성에서 신약성경 번역에 착수하기 이전인 1467-1520년 사이에, 독일어 성경은 이미 고중세 독일어판으로 14개, 사투리 독일어판으로 4개가 번역·출판되어 있었다. 내용적으로 볼 때 이 번역본들은 진정한 의미에서 독일어 아닌 독일어 번역본이었다. 독일어 성경이라도 일반인이 읽을 수 없을 정도로 라틴어 성경 번역인 불가타의 용어들을 그대로 쓴 것이 많았다.

루터가 그리스어 성경을 독일 말로 직접

봐르트부르크 루터의 방

루터가 쓴 책상과 의자(봐르트부르크)

번역하여 출판한 신약성경(Das Neue Testament Deutsch)은 1522년 9월 세상 빛을 보게 되었다. 이것은 에라스무스가 펴낸 그리스어 신약 2판(1519)을 대본으로 하여 번역된 것이다.

9월에 나왔기 때문에 그것을 가리켜 '9월성경'이라고 부르기도 한다(September Testament 1522). 그는 이것을 개정하여 12월에 다시 출판하였으며(12월성경 Dezember Testament) 1530년에 최종 개정판을 냈다.

그가 12년 후에 번역하여 출판한 구약성경은 《브레스키아 히브리어 성경》(the Brescia Hebrew Bible 1494)을 대본으로 한 것이다(1534년 첫 출판). 그는 당시 교회에서 널리 쓰던 라틴어 성경(Vulgata)과 많은 부분에서 결별하고 진정한 의미에서 독일어 성경으로 만들었다. 물론 당시 독일어 수준이 라틴어의 영향력을 완전히 벗어날 수는 없었다. 이런 이유로 그의 번역문에도 라틴어의 흔적은 여전히 남아 있을 수밖에 없었다. 그렇더라도 루터는 '원전으로 돌아가라'(ad fontes)는 원칙에 따라 그리스어와 히브리어에 충실함으로써 자신보다 앞서서 번역된 성경과는 비교할 수 없을 정도로 라틴어 의존도를 현저하게 줄였다.

루터 이전의 독일어 성경

이름	연도 및 장소	비고
멘텔린 성경	1466 스트라스부르크	최초의 독일어 성경
엑게쉬타인 성경	1470 스트라스부르크	두 번째 독일어 성경
차이너 성경	1475년경 아우그스부르크	세 번째(네번째) 독일어 성경
플란츠만 성경	1470 아우그스부르크	네 번째(세 번째) 독일어 성경
젠젠쉬미트 성경	1476–78 뉘른베르크	다섯 번째 독일어 성경
차이너 성경	1477 아우그스부르크	여섯 번째 독일어 성경
조르그 성경	1477 아우그스부르크	일곱 번째 독일어 성경
퀼른 성경	1478년경 퀼른	
조르그 성경	1480 아우그스부르크	여덟 번째 독일어 성경
코베르거 성경	1481 뉘른베르크	아홉 번째 독일어 성경
그륀잉거 성경	1485 스트라스부르크	열 번째 독일어 성경
쉰스베르거 성경	1487 아우그스부르크	열한 번째 독일어 성경
쉰스베르거 성경	1490 아우그스부르크	열두 번째 독일어 성경
뤼벡 성경	1494 뤼벡	
오트마 성경	1507년 아우그스부르크	열세 번째 독일어 성경
오트마 성경	1518 아우그스부르크	열네 번째 독일어 성경
할버쉬테터 성경	1522 할버쉬타트	

A liuely picture deſcribing the weight and ſubſtaunce of Gods moſt bleſſed word agaynſt the doctrines and vanities of mans traditions.

'오직 말씀으로'를 상징하는 그림(눈을 가린 정의의 여신이 성경과 교황의 무게를 달아 비교한다)

그의 히브리어 실력은 그리스어에 비해 떨어졌기 때문에 주변 사람들이 함께 작업을 했다. 마태시우스(Johannes Mathesius)에 따르면 멜랑히톤이 그리스어 성경인 칠십인역을, 크루키거(Cruciger)가 랍비 성경(die Rabbinerbibel des Jakob Ben Chajim)을, 부겐하겐 목사(Johannes Bugenhagen)가 라틴어 성경인 불가타를 번역해 오면 루터는 그들과 함께 둘러앉아서 히브리 성경과 대조하며 작업을 진행했다고 한다.

루터가 신구약 성경을 완역하여 두 권으로 발행한 것은 1534년이다(1824쪽 21 x 31.5 cm). 여기에는 루카스 크라나흐가 목판화로 그린 그림 128장이 들어 있었다. 그 이후에도 그는 동료들과 함께 그것을 계속 개정하였으며(1534년부터 1546년 사이에 열한 번이나 개정을 거듭했다), 마지막 개정판은 그가 죽은 후에 나왔다.

사실 번역에는 이미 번역자의 해석이 들어 있다는 말은 상식에 속한다. 이런 뜻에서 그는 진작부터 성경을 번역하기가 참 어려웠다고 하면서 자신은 그저 통역자에 불과하다고 주변 사람들에게 털어놓곤 했다.

그는 당시 독자들이 쓰는 일상 용어와 성경 원어의 참 뜻을 살려내어 직역하는 것 사이에 조화를 이루면서 번역작업을 진행했다. 그는 당시 동독 지방 특히 작센 지방의 표준 독일어와 프랑켄 지방의 독일어를 사용했다. 그래서 야콥 그림(Jakon Grimm)은 이를 가리켜 '새로운 표준 독일어(Neuhochdeutsche)를

루터와 함께 성경 번역에 헌신한 사람들

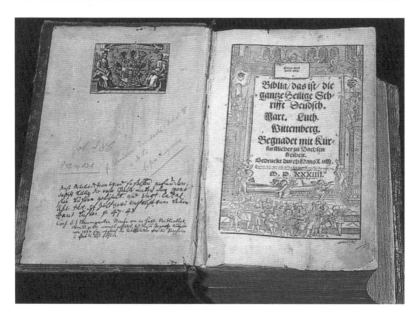

루터 성경 완역본 (1534년)

프로테스탄드 교회의 사투리라고 말해도 좋으리라'라고 평가했다.

  루터가 신구약 성경을 히브리어와 그리스어에서 직접 독일 말로 번역함

마틴 루터 박사(크라나흐)

Junker Jörg로 변장한 루터를 크라나흐가 그린 것(1522)

으로써, 기독교계에는 물론 일반 언어학에도 좋은 영향을 끼쳤다. 그렇다고 해도 그를 가리켜 '독일 문학 언어의 아버지'라고 부르는 것은 지나치다는 것이 일반적인 평이다. 그러나 독일어의 발전에 그는 당시 어떤 작가들보다도 커다란 족적을 남겼다. 그래서 요한 볼프강 괴테는 '독일인은 루터를 통해서야 비로소 한 국민이 되었다!'고 그의 업적을 평가했다.

11

아이젠나흐에서
비텐베르크로

울 안에(아이젠나흐에 머무는) 새(das Revier der Vögel)인 루터는 1521년 12월 융커 요르크(Junker Jörg)라는 이름으로 변장한 채 200Km 떨어진 비텐베르크를 방문하여 아주 가까운 사람들을 몰래 만났다. 그리고 크라나흐에게 아이젠나흐에서 온 기사라고 말하며 초상화를 그려달라고 부탁했다. 그런데 그 연기와 변장이 얼마나 완벽하였던지, 이미 루터를 잘 알고 있으며 그 초상화를 그린 적이 있는 크라나흐조차 루터를 알아보지 못했다. 이곳 상황을 둘러본 그는 자신이 자리를 지키지 않아도 비텐베르크의 일은 잘 돌아가리라고 안심하며 12월 12일 아이젠나흐로 돌아왔다.

그곳에서 전혀 뜻하지 않은 일이 일어났다. 1522년 1월 28일 카알쉬타트(Dr. Andreas Bodenstein von Karlstadt)는 이렇게 썼다.

종교개혁운동 당시 스위스 취르히 뮌스터에서 일어난 성상파괴

봐르트부르크 성

'교회당 안에서 성화와 제단 장식품은 없어져야 할 것이다. 이는 우상화를 방지하기 위함이다. 우리에게는 아무런 그림 및 장식이 없는 제단 3개만으로 충분하다.' 이 논리에 따라 사람들은 교회당 안에 있던 성화(성상)들을 제거하기 시작했다.

종교개혁 당시 네델란드 로테르담에서 일어난 성상파괴 운동

사실 성화[성상] 논쟁은 기독교 안에 뿌리 깊은 역사를 가지고 있다. 이것을 없애자고 하는 사람들은 항상 십계명을 내세운다(너를 위하여 새긴 우상을 만들지 말고 또 위로 하늘에 있는 것이나 아래로 땅에 있는 것이나 땅 아래 물속에 있는 것의 어떤 형상도 만들지 말며 그것들에게 절하지 말며 그것들을 섬기지 말라. 출 20:4-5).

3세기 경 교회는 예술작품에 대해 논의하였고, 380년경에 화

융커 요르크(마틴 루터)

비텐베르크(탑 윗부분에 '우리 주는 강한 성이요'라고 쓰여 있다)

가, 배우, 조각가 등은 기독교인이 되려면 그 직업을 버려야 한다는 사도 서신을 발표했다. 물론 모든 사람이 이런 입장에 동의하지는 않았다. 나치안츠의 그레고르(Gregor von Nazianz)와 아마세아의 아스테리오스(Asterios von Amasea)는 4세기 말에 예수님 상을 그리지 말라고 했다. 이는 예수님의 모습을 제대로 그려낼 수 없기 때문이라 했다. 그러나 성화 전체를 금지시키지는 않았다.

다른 한편에서는 오히려 글자를 잘 모르는 사람에게 그림은 아주 좋은 교육 자료라며 적극 받아들이는 경향도 있었다(특히 위대한 바실레오스, 닛사의 그레고르, 앙키라의 네일로스 등). 6세기부터 교회 안에 성화(성상)를 거부하는 논의가 진행되더니 8-9세기 정교회와 비잔틴 제국은 이를 적극적으로 금지시켰다. 특히 황제 레오 3세(717-741)와 그 뒤를 이은 콘스탄티누스 5세 황제는 이를 엄격하게 금지시켰으며, 잠시 유화기간을 거친 후 레오 5세(813-820) 때 다시 엄격해졌다. 이 시절에 오늘날의 칵파도키아(터키 중부내륙 지방)를 비롯하여 이슬람과 접촉이 있던 지방(그 당시 비잔틴 제국의 영토)에 있는 교회당 안의 그림들은 크게 손상되었다.

종교개혁운동이 진행되는 동안 성화(및 성상)에 대한 논쟁이 다시 불붙었다. 이 논쟁에는 성화(성상)를 일절 다 없앨 것인가 아니면 미신적인 경향을 띤 것과 성인들의 상만 치워버릴 것인가 하는 것도 포함되어 있었다. 츠빙글리나 깔뱅은 이 문제에 아주 강경했다. 오늘날 취리히의 그로스뮌스터나 제네바의 성 베드로 성당을 찾는 사람은 지워진 그림의 자국을 볼 수 있다. 성전정

화라는 이름으로 많은 작품들이 되살릴 수 없게 파괴되었다. 성화(성상)는 그 내용이 성경에 부합하느냐 여부를 떠나서 중세기 사람들이 가졌던 신앙과 신학을 반영하는 것이었다.

그들에 비해 루터와 그 후계자들은 상당히 온건했다. 루터는 성화 및 성상에 문제가 있다는 의사를 피력한 적이 있지만 그것은 어디까지나 그에 사용되는 재료에 관한 것이었다. 이런 토론을 그는 중요하게 여기지 않았으며 그림을 올바르게 활용하는가 아닌가에 대해서도 별 관심이 없었다. 다만 그는 경건한 성화를 봉헌함으로써 영혼도 구원을 얻는다는 주장은 허무맹랑하다고 보았다.

그는 〈선행에 대하여(Von den guten Werken, 1520)〉라는 글에서 하나님이 원하시는 것은 금식 성지순례 또는 아름답게 꾸며진 교회당이 아니라 오직 예수 그리스도를 향한 믿음뿐이라고 말했다. 1525년 그는 그림은 '보기, 증거, 기념, 상징을 위한 것일 뿐'이라 함으로써, 이를 교육 자료로 보았던 나치안즈의 그레고르와 견해를 같이했다.

카알쉬타트는 1520년부터 이 성화를 파손시키기 시작했다. 그는 이런 행동을 '기독교의 목표는 가난과 구걸을 없애는 것인데, 이런 경건한 작품을 만드는데 들어갈 돈을 가난한 사람에게 직접 전해줄 때에 비로소 실현될 것이다'라는 루터의 말을 증거로 들어가며 자기의 행위를 정당화시켰다.

비텐베르크에서 일어난 과격한 개혁운동의 중심에 루터의 동료이자 비텐베르크 대학교의 교수 카알쉬타트(Andreas Bodenstein 1486-1541)가 있다. 그는 루터보다 몇 년 앞서 그 대학교에 부임하였으며, 지난 10여 년 동안 8번이나 신학부 학장을 지냈다. 마틴 루터가 교회개혁을 주장했을 때 이를 누구보다도 더 열렬히 지지했다.

1521년 성탄절 저녁예배 때 그는 예식 복장이 아니라 수도사의 평상복을 입고 궁정교회에서 설교를 하였으며, 성만찬의 떡과 포도주를 참석자 모두

비텐베르크에서 성상파괴 운동(1530년 목제조각)   칼빈주의자들의 성상파괴 운동(1566년)

에게 나누어 주었다(그전에 포도주는 사제에게만 주어졌던 것이다). 그는 거기서 한걸음 더 나아가 시의회와 함께 '비텐베르크시의 규칙'을 만들었다. 그 결과 예배의식, 특히 '성만찬 예식'에 큰 변화가 생겨났다. 당시 천주교회는 성만찬 예식에 참여하는 모든 교인에게 ① 금식과 ② 고해성사를 요구했다. 이 두 가지 행위로 준비된 사람만 성만찬에 참여할 자격이 있다고 가르쳤다. 개신교회는 이를 폐지하고 세례를 받은 모든 예배자에게 떡과 포도주를 허락했다. 성만찬 예식에서 쓰는 언어도 라틴어에서 독일어로 바꾸었다.

그에 동조하는 사람들은 종교개혁의 이름으로 교회당 안의 성인상과 성화를 부수고 불태웠으며 죽은 이를 추모하는 등잔의 기름을 쏟아버렸고, 무덤들을 파헤쳤으며 예배실 안의 부속 제단들을 제거했다. 그리고 수도원 서약, 독신 제도, 성직자의 구별된 의복착용, 미사의 대속과 헌신의 의미를 구시대의 유물이라며 철폐하거나 내다버렸다.

호랑이가 없는 굴에서는 여우가 왕이라는 말처럼, 루터가 없는 동안에 카알쉬타트는 개혁의 선봉에 섰다. 그는 사제 복장을 벗어던지고 농부의 옷으로 갈아입었다. 그리고 '그림 대신에 책을, 구걸 대신에 교육을'이라는 구호를 내세웠다. 이에 따라 수도사들 중에서 수공업자, 대장장이, 제과점 등에 종사하는 사람들이 생겨났다. 마흔 살이 넘은 그는 15세 남짓한 어린 소녀와 결혼을 했다. 그리고 사제의 독신 제도를 맹렬히 공격했다.

이에 따라 비텐베르크에는 결혼하는 사제들이 늘어나기 시작했고, 수도원의 수도사와 수녀도 결혼을 하기 시작했다. 이런 일은 당시 일반인도 쉽게 받아들이기 어려운 파격적인 행동이었다.

성직자의 독신 제도에 관한 물음에 루터는 성경에 독신 제도가 권장되지 않는다는 점, 성경은 결혼을 통해 남녀가 가정을 이루는 일에 대해 매우 높은 비중을 둔다는 점을 말하면서도, 아직은 독신 제도 폐지에 대해 조심스러운 태도를 취했다.

자신의 뜻은 교회와 교회 제도를 개혁하는 데 있다면서 루터는 교회의 성물을 파괴하거나 예배 복식을 갖추지 않고 예배를 인도하는 것 등을 교회 또는 교회당을 파괴하는 것으로 여겼다. 사실 루터는 중세기에 변형된 제의의 식을 거부하였지만 제의 기구들을 보존했다.

카알쉬타트 등이 일으키는 성상파괴를 비롯하여 예배 전통의 무시 등에 위기를 느낀 루터는 1522년 3월 7일 약 10개월의 은둔 및 피신생활을 정리하고 비텐베르크로 돌아왔다. 그리고 3월 9일 시립교회에서 미사를 집례했다. 이때까지도 그는 안전하지 않았다. 그를 이단자로 파문한 교황의 명령은 물론 범죄자로 규정하고 법적인 지위를 모두 박탈한 신성로마제국 황제의 칙령이 아직 유효했다.

프리드리히 현제도 그가 비텐베르크로 돌아가는 것은 시기상조라고 보았다. 그런데도 루터는 목숨을 걸고 그리로 향했다. 그는 종교개혁운동의 미래가 자기 목숨보다 더 중요하다고 판단하였던 것이다.

다음은 그가 3월 5일에 프리드리히 현제에게 보낸 편지 내용의 일부이다.

이 글은 나를 위해서가 아니라 선제후님을 위로하기 위해 드립니다. 비텐베르크에서 우리가 세웠던 복음이 멸시당하는 것 때문에 내 마음이 괴롭습니다. … 이 일에 비하면 지금까지 겪었던 고통은 아무것도 아닙니다. 나는 그것을 위해서라면 목숨도 기꺼이 바치겠습니다. … 비텐베르크로 가는 나는 선제후님의 보호를 바라지 않습니다. 선제후님은 그것을 원하시겠지만 이 일은 칼로 할 것이 아니라 하나님께서 하실 것입니다. … 선제후님은 그냥 문만 열어놓으시면 됩니다. 그리스도께서는 내게 다른 어떤 사람이 그리스도인을 해치게 버려두겠다고 가르치지 않으셨습니다.

12

믿음과 그 믿음을
따라 사는 길

루터가 태어난 지 일 년 만에 루터의 부모는 아이스레벤(Eisleben) 생활을 청
산하고 만스펠트(Mansfeld)로 이사했다. 이곳에서 루터의 부모는 구리 광산을
직접 운영했다. 루터는 1484년부터 1497년(혹은 1496년)까지 이 동네에 살며
어린 시절과 초등학교 시절의 첫 부분을 보냈다.

이곳에 만스펠트 백작이 살았던 성(Scloss Mansfeld)이 있다. 그것은 1229년
에 처음 지어졌다. 1264년 백작 부카르트 3세(Buchard III)가 이곳을 거주지로
정하면서 더 증축하여 규모가 커졌다. 그리고 16세기 중반까지 꾸준히 확장
되었다. 루터와 멜랑히톤은 1545년 12월에 이 성에 왔던 것으로 보인다(그들
이 머물렀던 방이 있던 건물은 지금 파괴되어 흔적만 남아 있다).

구리 광산 덕분에 대략 15세기 초(혹은 16세기 초)부터 이곳 경제가 융성했
다. 영주가 사는 이 성 안에 궁정교회(Schlosskirche)인 성 게오르그 교회(St. Georg
Kirche)가 있다. 주요부분이 1515-1519년 사이에 세워진 이 교회에서 루터도
설교를 한 적이 있다고 한다. 그 교회당 내부는 후기 고딕양식으로 지어졌다.
이 교회당 안에 루카스 크라나흐의 제자인 되링(Hans Döring)이 1518-1520년

만스펠트 백작의 궁성

에 그린 제단 그림이 서 있다.

이 그림 중앙에는 예수님이 골고다 언덕에서 십자가에 달린 장면이 있다. 그 배경이나 등장 인물들이 다른 어떤 그림에서보다 더 화려한 것이 눈에 띈다. 이 그림에서 십자가를 붙들고 슬픈 표정으로 서 있는 여인은 백작 알브레흐트 4세(Albrecht IV)의 부인이며, 갑옷을 입고 손으로 십자가를 가리키는 사람은 백작 알브레흐트 4세이다. 이들은 1519년부터 루터의 가르침을 받아들여 개신교인이 되었다.

누가복음에 따르면 예수님 좌우편에 강도 두 사람도 함께 십자가에 매달렸다. 그 가운데 한 사람이 예수님을 향해 조롱하며 '네가 그리스도가 아니냐 너와 우리를 구원하라(눅 23:39)'고 말했다. 그러자 다른 죄수는 '네가 동일한 정죄를 받고서도 하나님을 두려워하지 아니하느냐 우리는 우리가 행한 일에

만스펠트 궁정의 궁정교회(게오르그 교회)

궁정교회 제단화

궁정교회 제단화

상당한 보응을 받는 것이니 이에 당연하거니와 이 사람이 행한 것은 옳지 않은 것이 없느니라'고 꾸짖고는 '예수여 당신의 나라에 임하실 때에 나를 기억하소서'라고 간청했다. 이에 예수님은 '내가 진실로 네게 이르노니 오늘 네가 나와 함께 낙원에 있으리라'고 대답하셨다.

개신교인인 되링은 이 장면에서 예수님을 저주한 오른쪽 강도의 모델로 개신교인을, 예수님께 구원을 약속받은 왼쪽 강도의 모델을 천주교인으로 선택했다. 그가 오른편 강도의 모델로 선택한 사람은 그 지방에 백작들 중

하나로 개신교인인 겝하르트 7세 (Gebhard VII)이다. 교회를 다니면서도 그는 술을 좋아하고 첩을 여러 명 거느린 사람이었다고 한다. 반면에 왼편 강도의 모델이 된 사람 역시 그 지방에서 고위직 기사였는데 아주 신실한 천주교인이었다는 것이다.

제단화

그가 개신교에 속한 사람을 구원받지 못한 강도로, 천주교에 속한 사람을 구원받은 강도의 모델로 삼았다는 점은 매우 놀랍다. 그 당시에는 아무런 잘못이나 억하심정이 없는 사람이라도 단지 천주교인 혹은 개신교인이라는 이유로 미워하거나 죽이던 시대였으며 심지어 전쟁도 불사하였던 사실을 감안할 때 이는 아주 놀라운 일이다.

그 정도는 아니지만 오늘날에도 개신교회를 무시하는 천주교인, 천주교회를 무시하는 개신교인들이 제법 있는 실정이다. 같은 교회 교인들끼리도 믿음의 분량을 따져가며 서로 상대방을 우습게 여기는 경향마저 있다. 이런 뜻에서 이 그림을 그린 화가 되링의 신앙은 매우 놀랍다. 사람이 어느 교회(교파)에 속했다는 이유로가 아니라 하나님과 하나님 말씀을 진지하게 받아들이는 모습으로 하나님께 받아들여진다는 평범한 진리를 그는 아주 분명하게 보여주었다.

제단화 옆면 그림들

십자가 그림 바로 아래에 예수님의 죽음을 슬퍼하는 장면이 있다. 이 그림에서 오른편 두 번째 세 번째 사람이 알브레흐트 백작 4세 부부이다.

이 그림 왼쪽 날개에는 재림하신 주님께서 무덤에 있는 자들을 다시 일으키시는 장면이 그려져 있다. 여기서도 예수님은 승리자이자 온 세상 나라와 민족, 그리고 만물을 다스리시는 통치자임을 상징하는 지팡이를 들고 계신다. 이 장면에는 백작의 부인이 하와의 모델로 등장한다.

오른쪽에는 무덤에서 부활하신 주님의 모습이 그려져 있다. 예수님 손에는 죽음과 사탄의 세력으로부터 승리한 것을 상징하는 깃발을 내건 지팡이가 들려 있다. 천사는 예수님 몸을 감쌌던 세마포를 손에 들고 있다.

무덤을 지키는 병사들이 다 잠들어 있는데 그 가운데 가장 높은 사람(백부장)만 깨어 있다. 그는 부활하시는 주님을 바라보며 손을 높이 들고 찬양을 드리고 있다. 그가 바로 부활의 증인인 것이다(마 27:53-54 예수의 부활 후에 그들이 무덤에서 나와서 거룩한 성에 들어가 많은 사람에게 보이니라. 백부장과 및 함께 예수를 지키던 자들이 지진과 그 일어난 일들을 보고 심히 두려워하여 이르되 이는 진실로 하나님의 아들이었도다 하

궁정교회

더라). 화가 되링은 그 사람을 그
릴 때 알브레흐트 4세 백작을 모
델로 삼았다.

왼쪽에 서 있는 것은 되링의 제단화 이전에 쓰던 옛 제단
이다

　이밖에도 그림 두 폭이 더 붙
어 있는데, 이를 가리켜 서양식
6폭 평풍이라고 불러도 되는지
모르겠다. 그 중 하나에는 마리
아에게서 임마누엘의 상징을 지
닌 아기 하나가 태어날 것을 예고하는 천사의 모습이 있다(눅 1:31 보라 네가 잉
태하여 아들을 낳으리니 그 이름을 예수라 하라). 다른 하나에는 성경(혹은 기도서)을 읽으
며 묵상기도를 드리다가 자신을 찾아온 천사로부터 메시야가 탄생하리라는

기별을 듣는 마리아가 그려져 있다(눅 1:38 마리아가 이르되 주의 여종이오니 말씀대로 내게 이루어지이다 하매 천사가 떠나가니라).

잘 알려진 대로 루카스 크라나흐는 큰 화실을 차려놓고 많은 제자들을 길러냈다. 비록 우리 귀에는 낯설지만, 그가 키운 유명한 제자로 엘너(Valentin Elner), 크리스토프(Christoph, Maler von München), 폴락(Polack), 크리스티안 되링(Christian Döring), 한스 되링(Hans Döring), 한스 폰 슈말칼덴(Hans von Schmalkalden), 볼프강 크로딜(Wolfgang Krodel), 안톤 헤슬러(Anton Häsler), 한스 켐머(Hans Kemmer), 아우구스투스 코르두스(Augustus Cordus), 시몬 프랑크(Simon Frank) 등을 손꼽을 수 있다.

그가 만든 작품들 가운데는 혼자 그린 것도 있지만, 제자들과 함께 만든 공동작품도 많이 있다. 그가 주문을 받아 생산한 작품들 중에는 특히 교회당의 제단 그림이 많다. 그런 주문은 대개 작센-튀링엔 지방, 곧 그가 살고 있는 지방에서 왔지만, 때때로 프라하나 단치히 등 다른 나라에서 오기도 했다.

13

오직 믿음으로

봐이마르

봐이마르(Weimar)는 일찍이 봐이마르 고전주의로 널리 알려진 도시이다. 이것은 첫째로 19세기에 빌란트(Wieland), 헤르더(Herder), 괴테(Goethe), 쉴러 (Schiller) 등이 같은 시대 같은 곳에서 활동하여 문화가 꽃 피어난 때를 가리킨

다. 이를 좁게 해석할 때에는 괴테와 쉴러가 같이 지냈던 11년 동안을 가리킨다.

이곳에 성 베드로와 바울 교회(St. Peter- u. Paulus Kirche)가 있다. 요한 고트프리드 헤르더(Johann Gottfried Herder 1744- 1803)의 이름을 따 헤르더 교회라고도 부른다. 그 예배실 안에는 크라나흐 (Lukas Cranach d. Ä)가 그린 제단 그림이 있다. 아버지 크라나흐가 시작하고 아들 크라나흐가 마무리하여 1555년에

봐이마르에 있는 괴테와 쉴러 동상

봐이마르 성 베드로와 바울 교회 제단화

완성된 이 그림에는 성경에서 모티브를 따온 여러 가지 장면들이 종합되어 있다. 그 가운데 하나의 핵심을 잡으라면 두 말할 것도 없이 인간의 구원은 오직 믿음으로부터 온다는 의인론(義認論)이다. 그라나흐 제단화는 이런 내용을 전하는 그림 설교라 할 수 있다.

이 그림의 중앙에는 십자가에 달리신 예수님이 커다랗게 그려져 있다. 바로 그 십자가 아래에는 티 없이 맑고 순결한 어린 양이 보인다. 그 왼쪽에는 죽음에서 부활하신 그리스도가 죄와 사탄과 죽음을 밝고 서 계신다(예
수님을 쌌던 세마포가 풀려지는 장면은 예수님
의 십자가 죽음으로 끝나지 않고 부활로 이
어지리라는 사실을 암시하는 것이다).

높은 위치에 있음을 상징하는 붉
은 망토를 걸치신, 부활하신 예수님
은 인간을 끊임없이 유혹하여 끝내
사망으로 이끌어 가는 사탄을 완전히 물리친 승리자로 당당하게 서계신다.
십자가에 달리신 예수님 발목 근처 왼쪽에는 사탄에게 쫓겨 불길이 타오르
는(지옥 또는 죽음의 세계) 곳으로 도망치는(빨려 들어가는) 인간이 그려져 있다. 그
오른쪽에는 모세가 옛 이스라엘 백성들에게 십계명을 가르치고 있다(이는 "나
는 율법을 폐하러 온 것이 아니라, 완성하러 왔노라"고 말씀하시는 예수님을 연상하게 만드는 장면
이다).

그 대각선 위쪽에는 이스라엘 백성이 출애굽하여 광야에서 천막생활하던
때의 장면이 있다. 그들이 이집트에서 먹던 고기 가마를 그리워하며 불평하
자 하나님은 그들에게 불 뱀을 보내셨다. 그것에 물려 죽는 사람들이 생기자
모세는 백성을 위해 중보기도를 드렸다. 그리고 그 기도에 응답하신 하나님
말씀에 따라 구리 뱀을 만들어 장대에 높이 매달았다.(민 21:4-9 참조) 그림에는
구리 뱀 앞에서 어떤 사람이 무릎을
꿇은 채 기도를 드리는 장면이 있다.
아마 그가 모세일 것이다.

당시 장대에 매달려 높이 들린 구
리뱀을 바라보는 사람은 다 구원을
받았다. 요한복음은 이 사실을 은유
로 들어 '인자가 높이 들리어야 하리

라'는 예수님 말씀을 기록했다(요 3:14-15).

그 오른쪽 위(언덕배기), 예수님을 쌌던 세마포가 풀려지는 곳 위에는 천사가 목자들에게 나타나 베들레헴에 구세주가 탄생하였음을 알리는 장면이 있다. 바로 그 아래에는 목자들이 메시야 탄생을 기뻐하며 찬양하고 있다(눅 2:8-21 참조).

이 그림에서 직 · 간접적으로 예수님을 나타내는 장면은 앞에서 살펴본 것과 같이 최소한 다섯 가지로 요약된다. ① 십자가의 그리스도 ② 순결하며 죄가 없는 어린 양 ③ 모세 율법을 완성하신 예수 그리스도 ④ 광야의 구리 뱀처럼 높이 들리신 예수님 ⑤ 죽음을 이기시고 부활하신 그리스도.

더러는 상징과 예표로 제시된 이런 장면들은 예수님의 십자가 죽음으로 말미암아 우리의 죄가 사해졌고, 그로 인해 하나님과 인간이 화목하게 되었다는 복음을 전해준다. 다시 말해 인간의 구원은 율법을 실천함으로써 이루어진 것이 아니라 예수님의 희생 곧 그분의 보혈의 공로를 믿는 믿음으로 말미암아 이루어진다는 것이다.

이 점을 뚜렷이 부각시키려고 제단화는 화면의 위 오른쪽 깊은 곳에서부터 왼쪽 아래의 앞으로 이어지는 주제를 세 가지로 표현했다. ① 강생(降生 - 탄생을 알리는 기별) ② 죽음(십자가의 예수) ③ 부활(죽음과 악마에 대한 승리자 예수). 인간의 구원과 떼려야 뗄 수 없는 관계에 있는 이 세 가지 사건들이 이 제단화의 중심이다. 이는 루터로부터 시작된 복음주의 신앙과 신학을 간단명료하게 요약한 것이다. 십자가 주변을 살펴보니 앞부분에는 은총의 영역이, 뒷부분에는 율법의 영역이 배치되었다.
그리고 은총의 영역에는 풀과 꽃이
덮여 있는 생명력이 나타나는 반면
에 율법의 영역은 메마른 광야로 묘
사되었다.

이 제단화 오른쪽 아래에는 세 사
람이 등장한다. 그들은 루터 크라나
흐 세례요한이다. 셋 가운데 맨 뒤에
서 그리스도를 가리키는 사람은 세
례자 요한이다. 그는 십자가에 달리
신 예수님을 손가락으로 가리킴으
로써 주님의 길을 예비하러 온 자신
의 본분을 다하고 있다. 그 한 손은
십자가의 예수님을, 다른 한 손은 어
린 양을 가리킨다. 그의 얼굴은 크라나흐를 향해 있다. 이는 사람이 행위(율
법)로 의(구원)를 얻는 게 아니라 십자가와 부활의 예수님, 세상 죄를 지고 가
는 어린 양(요 1:29)이신 예수님을 믿음으로 구원을 얻게 된다는 복음의 진리
를 일깨워준다.

루터는 개신교 교회의 사도로서 율법판(십계명) 대신 성경을 들고 있다. 그
의 굳게 다문 입술과 당당한 자세는 그가 불의와 타협하지 않는 강직한 성품
을 지닌 인물임을 나타낸다. 루터는 성경을 거꾸로 들고 있다. 자기가 읽기
편하게 펼쳐 든 것이 아니라 그림을 감상하는 사람들이 읽기 편하게 들고 있
는 것이 흥미롭다.

그의 손가락은 성경의 구체적인 대목을 가리키고 있다. 해설에 따르면 루
터가 가리키는 성경구절은 세 곳이다.

① 그 아들 예수의 피가 우리를 모든 죄에서 깨끗하게 하실 것이요(요일 1:7b)

② 그러므로 우리는 긍휼하심을 받고 때를 따라 돕는 은혜를 얻기 위하여 은혜의 보좌 앞에 담대히 나아갈 것이니라(히 4:16)

③ 모세가 광야에서 뱀을 든 것 같이 인자도 들려야 하리니 이는 그를 믿는 자마다 영생을 얻게 하려 하심이니라(요3:14-15)

루터 옆에서 기도드리는 사람은 이 그림을 그린 루카스 크라나흐이다. 그의 머리 위로 십자가에 달리신 예수님의 피가 뿌려지고 있으며, 십자가 아래쪽에 새겨진 그의 서명(Unterschrift) 위로도 주님의 피가 흘러내리고 있다. 그는 두 손을 모아 아주 공손하게 기도를 드리며 예수께 감사를 표하고 있다.

화가 루카스 크라나흐는 이 그림에 자기 자신을 그려 넣으면서 예수님의 십자가 보혈이 자신에게 떨어지게 했다. 무슨 목적으로 그렇게 했을까? 그는 자신이 화가이기 전에 예수님이 피
를 흘리며 죽으신 그 공로로 죄가 사
해짐과 동시에 영원한 생명으로 가
는 구원을 받은 성도인 것을 고백하
는 것은 아니었을까?

사실 크라나흐 옆에 있는 두 사람
은 보통 인물이 아니다. 세례 요한은 마지막이자 아주 위대한 예언자이다. 루
터는 부패로 멍들어 가는 기독교를 되살려놓은 위대한 신학자이다. 크라나
흐 스스로 생각할 때(당시 사람들의 직업관으로 볼 때) 자신은 한낱 그림이나 그리
는 장인이다. 그는 자신이 세례 요한이나 루터처럼 위대한 역할을 하는 인물
이 아니라는 것을 잘 알고 있다. 사회적 위치나 정신적 차원에서 어깨를 나
란히 할 수 없는 사람들을 나란히 서 있게 하시는 분이 바로 예수 그리스도
이다. 주님 앞에서는 사회적 지위나 신분, 재산의 과소, 학식의 수준에 관계
없이 모두 다 평등한 하나님의 자녀인 것이다.

크라나흐는 이 그림에서 자신의 신앙을 자연스럽게 고백했다. 예수님과
어린 양을 가리키는 것으로 세례요한은 주님의 길을 예비하는 사람으로 묘
사됐다. 손에 하나님 말씀을 들고 있는 것으로 루터는 그 예수님을 증거하는
사람으로 나타났다. 그리고 화가 자신은 예배드리는 자(기도드리는 자)로 표현
됐다.

이 그림 오른쪽, 왼쪽 날개에 있는 인물들도 크라나흐처럼 두 손을 공손히
모으고 예배드리는 모습을 취하고 있다. 이는 십자가에 죽으셨다가 부활하
신 예수님 안에 진정한 생명이 있다는 사실을 믿어 그의 살을 참된 양식으로
그의 피를 참된 음료로 먹은 신앙인으로서의 자기 신분을 밝히는 것이다. 이
로써 그는 예수님의 살과 피에 참여한 거듭난 성도로 자신을 그린 것이다.

이 그림 왼쪽 날개에는 용감한 선제후 요한 프리드리히(- 1554 Kurfürst Johann

크라나흐 제단화

봐이마르의 헤르더 교회

Friedrich der Grossmütige)와 그 부인 시빌라(? - 1554 Sybilla von Jülich-Cleve)가 두 손을 공손히 모으고 예배를 드리는 장면이 그려져 있다. 이들은 종교개혁운동을 적극적으로 후원한 사람들이다.

오른쪽 날개에는 그들의 아들 셋이 역시 부모님과 같은 자세로 예배를 드리는 장면이 그려져 있다. 이는 자손 대대로 이어지는 신앙의 대물림을 상징하는 것이다.

이 제단화 뒤쪽에는 부활 후 40일 만에 승천하시는 예수님의 모습과 요단강에서 세례 요한에게 세례를 받으시는 예수님 모습이 묘사되어 있다.

14

마틴 루터와 토마스 뮌처 (1)

토마스 뮌처 기념우표(동독, 1989)

동독에서 발행된 5마르크 지폐

토마스 뮌처(Thomas Müntzer 1489-1525)만큼 역사적 평가가 엇갈리는 인물도 그리 많지 않다. 한편에서는 그를 사탄으로 다른 한편에서는 영웅(혁명가)으로 묘사한다. '마귀가 어떤 사람을 사로잡았는데, 그 사람 이름은 토마스 뮌처이다. 그는 성경을 잘 배웠지만, 성경의 가르침에 따르지 않았다 … 그는 복음을 설교하지 않고, 어떻게 사람이 경건해지는가를 가르치는 대신에, 성경에 대한 잘못된 인식에 바탕하여 그릇되고 반역적인 가르침을 베풀기 시작했다.' 이는 1525년 멜랑히톤이 《튀링엔 지방의 반란자 토마스 뮌처의 역사》라는 제목으로 쓴 글 가운데 한 부분이다. 1533년 식탁담화에서 루터는 뮌처에 대해 '참으로, 뮌처를 본 사람은 살아있는 마귀의 가장 지독한 모습을 보았다 할 것이다'고 말했다.

뮌처는 본디 루터를 추종하던 사람이다. 그는 95개 조항에 도전을 받고 비텐베르크로 찾아왔으며 1518년 비텐베르크 대학교에서 신학을 공부했다. 1519년 라이프찌히 토론 장소에서 루터를 처음 만났다. 1520년 루터의 추천을 받아 츠비카우에서 목회하던 중 쉬토르흐 등 츠비카우의 '예언자들'(루터에 의하면 성령의 내적 계시를 강조하는 열광주의자)을 만났다(1521년 루터가 바르트부르크로 피신해 있는 동안 그들은 비텐베르크로 와서 유아세례를 반대하고 천주교회의 예배의식을 철저하게 고치려는 종교개혁을 감행했다).

뮌처는 1521년 체코에서 후스파와 합세하여 종교개혁을 추진하다 실패한 후 1524년 작센에서 루터와 충돌했다. 그는 루터가 농부와 수공업자의 현실을 배반했다고 하며 거짓말 박사 혹은 비텐베르크의 정신 나간 나약한 인물이라고 비난했다.

> '가난한 사람들을 곤궁에서 구제할 사람이 아무도 없다는 사실이야말로 이 땅에서 가장 혐오스러운 일이다 … 모든 고리대금업자, 도둑, 강도 중에서 우리의 국왕과 지배자들은 그야말로 최악이다 … 그들은 가난한 농부들과 수공업자들을 억압한다 … 가난한 사람들은 사소한 법률을 하나만 어겨도 그 대가를 치러야만 한다(뮌처의 글에서).'

농민전쟁에 적극 참여한 사람들은 종교개혁운동 이념을 그 이론적 바탕으로 받아들였다. 루터 자신은 농민전쟁에 대해 처음부터 선을 그었다. 그것의 사상적 기초를 제공한 사람은 루터이다. 그는 귀족정치의 폐해를 날카롭게

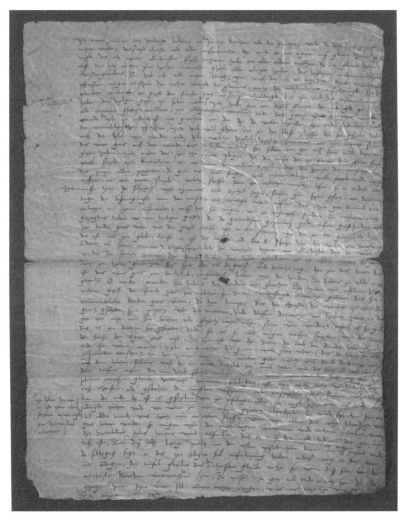

뮌처가 기초한 프라하선언의 초안

지적하였고 성직자와 평신도의 장벽을 무너뜨렸으며(만인사제직) 모든 사람은
지위나 생활조건과 무관하게 하나님 앞에 평등하다고 가르쳤던 것이다.

1524년 토마스 뮌처의 지도 아래 만스펠트와 그 근처 광부와 농민이 일어났다. 그들은 튀링엔과 하르쯔를 지나 14일 이내에 40여 개의 수도원과 수녀원을 점령하여 파괴시켰다. 농민전쟁은 들불처럼 빠르게 번져나갔다. 1525년의 초봄에는 남쪽 바이에른과 중부독일의 헤센 지방을 빼놓고 신성로마제국 거의 모든 지역이 여기에 휩싸였다.

농민전쟁 당시 사용된 무기들

농민전쟁 이전에 일어났던 기사의 난과 농민전쟁에 자극을 받아 루터는 《국가권력에 관하여》(1523)를 썼다. 농민전쟁 주동자들이 내세운 '12개 조항'에 서명하는 대신에 루터는 ≪평화에의 권면을: 슈바비아 농민들이 채택한 12조항에 대한 대답≫(1523. 4)을 썼다. 이 글에서 루터는 농민 혁명의 책임은 제후에게 있고, 혁명적 개혁자의 등장을 하나님의 심판이라 했다. 그리고 독일의 제후들은 옛 자치단체 규범과 관습으로 되돌아가라고 했다. 더 나아가 자신은 12조항과 의견을 같이한다고 선언했다.

그러면서도 무장반란은 아무에게도 유익을 가져다주지 않는다고 강조하면서 그것에 적극 반대했다. 사회 불안으

팔이 절단된 예수 그리스도

로 생기는 혼란에서 기독교인은 고난을 받아야 한다고 주장했다.

1525년 농민전쟁의 불길이 맹렬하게 타오르는 튀링엔 지방을 돌아본 뒤 그는 1525년 5월 《강도와 살인을 일삼는 농민에 반대하여》에서 이렇게 썼다.

> … 그를 처음으로 사형에 처하는 자는 정의를 제대로 집행하는 것이므로 아무 거리낄 것이 없다. 불이 났을 때 제일 먼저 그 불을 끄는 사람이 가장 잘한 사람이듯. 만약 어떤 자가 반란에 가담한 것이 공공연하게 드러나면, 누구나 그를 정죄하고 형을 집행해도 좋다 … 공개적으로든 비공개적으로든 반란의 무리를 철저히 분쇄하고 처형하여 뿌리 뽑아야 할 것이다. 이는 미친개를 마땅히 죽여야 하는 것과 같다. 만약 그 미친개를 처치하지 않는다면 그 개가 당신과 이웃을 물어뜯고야 말 것이다.

결국 농민들은 루터에게, 루터는 농민에게 등을 돌렸다. 그들이 내건 12개 조항은 다음과 같다. ① 성직자를 교구민의 의사에 따라 뽑을 것 ② 십일조를 성경의 가르침대로 쓸 것 ③ 성경의 가르침에 따라 농노제 폐지 ④ 사냥과 고기잡이의 자유 ⑤ 자유로운 벌목 ⑥ 세금 증대 거부 ⑦ 부역 증대 거부 ⑧ 토지세의 적절한 징수 ⑨ 영주 마음대로 하는 처벌 금지 ⑩ 목초지를 공동으로 사용할 것 ⑪ 사망세의 폐지 ⑫ 위 조항에서 성경(하나님 말씀)에 어긋나는 것이 있으면 즉시 철회한다.

농민군이 내세운 12개 조항의 소책자 표지

쉬톨베르크

쉬톨베르크는 숲속의 진주같이 참 아름다운 마을이다. 산을 끼고 보금자리처럼 자리 잡은 마을의 길 양편에는 독일 전통가옥들이 제 각각의 특징을 자랑하며 서 있다. 루터는 1525년 4월 20-21일 이곳을 찾았으며, 성 마틴 교회에서 4월 21일 설교를 했다. 그는 토마스 뮌처의 지도 아래 있는 농민군을 설득하려 하였지만 효과가 없었다. 사람들은 그가 통치자 편에 섰다고 단정했다.

농민군은 5월 2일 쉬톨베르크로 진격하여 공작 보도 3세에게 농민군의 요구에 따르겠다는 서명을 받아냈다. 그 승리는 잠깐뿐이었다. 5월 14일 농민군은 프랑켄하우젠에서 결정적으로 패배했다. 보도 3세는 농민군에게 무자비하게 보복했다. 밀하우젠에서 사로잡힌 뮌처는 온갖 고문을 당하고 5월 27일 사형 당했는데 그 때 나이가 36살이었다.

쉬톨베르크의 뮌처 기념상

동독 정부는 뮌처 탄생 500주년을 맞아(1989년 9월 10일) 그를 기리는 우표와 화폐를 발행하는 한편 고향인 쉬톨베르크에 기념상을 만들게 했다. 이 임무를 맡은 조각가 메써쉬미트(K. F. Messerschmidt)는 뮌처의 키가 아주 컸다는 말을 들었지만 그가 어떻게 생겼는지 알 수 없어 고민하다가 자기 얼굴을 모델로 그 상을 만들었다. 그리고 뮌처 상 뒤에는 얼굴을 가린 인물을 하나 세워 놓았다. 수수께끼 같은 인물에 대해 해석이 분분하다. 그 마을 사람에게서 들은 이야기 가운데 몇 가지만 예로 들면 다음과 같다.

뮌처의 생가터

① 그의 부인(남편을 잃은 슬픔과 세상에서 반란자로 평가받는 것을 부끄러워함)

② 사형집행인(망나니는 대체로 얼굴을 알아보지 못하게 가린다)

③ 그 당시의 천주교회(소경이 소경을 인도하던 시대)

④ 1989년 당시의 사회주의(현실에 대해 보지도, 듣지도, 말하지도 말라)

이 두 인물을 둘러싸고 기
둥 네 개가 서 있다. 그들은 크
리스토퍼루스 성자, 마틴 성자,
성모 마리아, 알렉산드리아의
카타리나 성자이다. 이 기둥들
은 1851년 뮌처의 생가가 불 탈 때 그 집에서 건져낸 것이다. 뮌처의 생가 터

Lutherus septiceps, Titelholzschnitt zu: Johannes Cochlaeus, „Sieben Köpffe Martini Luthers", Leipzig 1529
(von Hans Brosamer)

에 지금은 선물가게가 들어서 있
다. 건물 밖 벽에 붙은 팻말을 보
고서야 우리는 이 집이 그 집임
을 겨우 알 수 있다.

머리가 일곱 개 달린 루터

1529년 라이프찌히에서 나온 풍자화이다. 이것은 루터를 머
리 일곱 달린 괴물로 묘사했다. 박사, 마틴, 루터, 교회의 인
물, 열광주의자, 반대자, 바라배(마 27:16-21, 예수님과 함께
재판을 받았으며 그 자리에서 풀려난 죄수)

15

마틴 루터와 토마스 뮌처 (2)

다음은 토마스 뮌처의 설교이다.

'그리스도께서 말씀하시기를, 나
는 평화가 아니라 칼을 주러 왔
다고 하시지 않았던가. 그러면
그대들은 이 칼로 무엇을 해야
하는가? 그대들이 만일 하나님
의 충복이고자 한다면 복음을
방해하는 악당들을 제거하고 격
리시키는 것밖에 다른 길이 없
다. 그리스도께서는 누가 복음
19:27에서 내게 매우 엄하게 명
하시기를, 내 원수들을 여기 끌
어내다가 내 앞에서 죽이라고
말씀하셨다…… 그대들이 칼을

토마스 뮌처(1487–1525)

농민전쟁 당시 봐이센아우 수도원을 파괴하는 농민군

뽑지 않아도 하나님의 권능은 이루어지리라는 말도 안 되는 이야기는 하지 말라. 그렇지 않으면 칼은 칼집에서 녹슬고 말 것이다. 히스기야, 퀴루스(페르샤왕 고레스), 요시야, 다니엘, 엘리아가 바알의 성직자들을 괴롭혔을 때처럼, 우리는 하나님의 계시를 거스르는 자들을 무자비하게 제거해야 한다. 그러지 않으면 기독교회는 본연의 모습으로 되돌아갈 수 없을 것이다. 수확할 때에 이르러 하나님의 포도밭에서 잡초를 뽑아내야 한다. 주께서 모세의 다섯 번째 경전(신명기) 7장에서 말씀하시기를, 너희는 우상을 섬기는 자들을 동정치 말고 그들의 제단을 부수고 그들의 우상을 파괴하고 불 질러서 나의 분노가 너희에게 미치지 않도록 하라고 하셨다.'

엥겔스는 토마스 뮌처에 대해 이렇게 말했다.

… '삼백여 년이 흘렀으며 그 사이에 많이 변화했다. 그렇지만 그때 농민전쟁은 오늘날에도 결코 낯설지 않다. 우리가 싸워야 할 적은 대체로 그때와 다르지 않다. 1848-49년에 형성된 계급과 계급연대는, 비록 그것의 초기 형태의 것이었더라도, 1525년에 이미 결성되었던 것이다.'(F. Engels: Der deutsche Bauernkrieg, nach: Karl Marx, Friedrich Engels: Werke Bd. 7, Berlin(DDR) 1960. 329)

다음은 사람들이 토마스 뮌처를 평가한 내용이다.

'그 당시 농민들의 경제적 사회적 지위가 결정적으로 바뀌지 않았더라면 농민들은 단순히 일벌레로 전락했을 것이다. 그 결과 그들은 숨막힐 듯 답답한 시절을 보내는 하층민으로 살면서 그 어떤 변화도 기대할 수 없었을 것이다.'(G. Franz: Der Deutsche Bauernkrieg, Darmstadt 1975 (10. Aufl., zuerst 1933), 299)

'독일 농민 전쟁은 동독 사람의 역사의식에 매우 중요한 역할을 했다. 1525-26년의 사건과 그 과정은 그들에게 늘 시대에 맞게 현재화되었다. 독일 역사에서 그런 유형의 사건은 이것밖에 없다.'(Max Steinmetz: Der geschichtliche Platz des deutschen Bauernkriegs, in: A. Laube u.a.(Hg.): Der deutsche Bauernkrieg 1524/25. Geschichte - Traditionen - Lehren, Berlin/DDR 1977. 15-33, 15쪽에서 인용)

'보통사람이란 말은 흔히 일반인이라 칭해진다. 흔히 보편적인 사용 또는 흔한 페니히(단위가 가장 낮은 동전)라는 뜻으로도 쓰인다. 그것은 기독교 일반이란 말과 같지 않다. … 그 운동은 특정한 권력자 특정한 귀족 특정한 나라를 향한 것이 아니었다. 그것은 진실로 모든 권력자 모든 귀족 모든 나라에 해당되는 사건이었다. 이런 뜻에서 그것은 일회적인 사건이었다.'(P. Blickle: Der Bauernkrieg. Die Revolution des Gemeinen Mannes, München 1998. 45).

뮌처가 알쉬테트에서 발행한 예식서(표지)

뮌처는 비텐베르크, 라이프치히, 프랑크푸르트(안 데어 오더)에서 신학을 공부했으며 루터의 종교개혁운동에 큰 감명을 받았다. 처음에 루터의 소개로 츠비카우(Zwickau 152. 10-1521. 4)에서 목회를 하던 그는 초대 기독교의 평등주의를 이상으로 삼아 하나님의 나라를 이 세상에 세운다는 꿈을 품었다.

루터와 결별한 뒤 뮌처는 알쉬테트(Allstedt)에서 목회를 했다. 거기서 예배의식을 개혁하여 최초로 독일어로 드리는 개신교식 예배의식을 만드는 한편 종교청(Deutsches Kirchenamt) 제도를 도입했다. 그는 예식서를 라틴어에서 독일어로 번역하는 등 성가대와 목사를 위한 예식서를 출판했다. 그는 유아세례를 반대하여 훗날 재세례파(Anabaptist)로 분류되었다. 이런 개혁과 함께 그는 예배에서 신비적 요소와 종말론적 요소를 결합시켰다.

이로써 뮌처는 예배란 신자들이 ① 성령의 임재 속에 ② 선민다움을 체험하고 ③ 불신자를 대적하는 하나님의 전쟁에 가담하게 하는 것이라고 보았다. 이런 개혁에 그곳을 다스리는 에른스트 1세(Graf Ernst I. von Mansfeld)가 동의하지 않았다. 뮌처는 그를 향해 '당신은 기독교에 전혀 유익하지 않은 사람이며 하나님의 친구들을 쓸어버릴 해로운 사람'이라고 혹평했다. 그는 1524년 7월 알쉬테트에서 프리드리히 현제가 만든 위원회 앞에 자기 입장을 밝힐 기회를 얻었다. 여기서 그는 세상종말에 앞서 인간의 정의로운 행동을 두

뮌처가 알쉬테트 시민들에게 보낸 친필 편지

둔함으로써 지배세력 및 기존교회에게 완전히 등을 돌려버렸다.

그에 따르면 세상의 종말과 함께 펼쳐질 새 시대에는 성령의 은사가 넘치게 될 것인데, 이 성령의 역사는 인간 역사를 초월(超越)하는 것이 아니라 역사 안에 내재(內在)한다는 것이다. 이에 따라 이 세상의 삶도 단순히 초대교회로 되돌아가는 회복이 아니라 하나님 나라의 삶으로 전환되어야 한다고 여겼다. 이는 결국 현 사회와 체제를 완전히 거부하고 변혁하려는 의지를 나타낸 것이다. 이를 위해 그는 교회를 '미래교회' 곧 신사도(新使徒) 교회로 만들고자 했다. 이 교회는 천년왕국을 건설하는 데 교두보 역할을 맡을 도구인 것이다.

농민군을 조롱하는 내용을 담은 잘츠부르크 시의회의 선전문(O. Henne am Rhyn, Kulturgeschichte des deutschen Volkes, Zweiter Band, Berlin 1897. 23)

뮌처가 구상한 천년왕국에 관한 것은 그가 고문당하며 진술한 기록밖에는 남아 있지 않다. 체계적인 글이 없다. '… 6. 그가 소요를 일으킨 목표는 모든 기독교인을 평등하게 하는 것과 복음을 거부하는 군주 및 지주들을 죽여 없애는 것이었다 … 8. 그들이(Allstedt 서약의 지지자들) 주장하고 실천에 옮기려고 했던 것은 이것이다. 모든 것을 공유하고, 쓸 일이 생긴 사람에게 그 필요에 따라 나누어준다(분배). 이를 거부하는 군주, 공작, 지주들은 처음에는 경고를 받고 그 다음에는 참수된다.… '

그의 글에서 뽑아낸 그의 천년왕국 사상을 정리하면 다음과 같다. 천년왕국(Der Chiliasmus라는 말은 그리스말 chilioi, 1000이라는 말에서 나옴)은 ① 평등사회를 지향한다. 그 주인은 오직 그리스도인뿐이며, 사람들은 평등한 지위를 누린다. ② 그것은 공유제 사회이다. 그 나라에서 모든 것은 공유되고 그것들은 필요에 따라 각 개인에게 분배된다. ③ 그 나라는 법에 따라 통치되는데, 그 법의 기초는 복음이다. 다시 말해 모든 행위는 하나님의 정의에 따라야 한다. ④ 그 주민은 현재 세상의 계층에 좌우되지 않는다.

'어떤 것이 참된 믿음인가'라는 물음에서 뮌처는 루터와 전혀 다른 입장을 취했다. 루터가 강조하는 '오직 성경만으로'라는 믿음을 그는 '고안된 믿음'

뮌처가 설교했던 츠빅카우의 성카타리나 교회

(der gedichtete Glauben)이라고 비판하면서 '경험된 믿음'(der erfahrene Glauben)을
강조했다.

경험된 믿음이란 영혼의 심연인 마음을 통해 살아계신 하나님 말씀을 직
접 듣는 것이다. 이렇게 되려면 인간은 늘 하나님을 두려워해야 한다. 하나님
을 경외할 때에만 인간은 주어지는 고통을 감수할 수 있을 뿐만 아니라, 하
나님이 그런 사람에게 말씀하시기 때문이다. 이런 경험된 믿음을 추구하는
사람은 영혼의 심연에 성령을 받으려는 열망을 품게 된다. 이로써 하나님과
인간의 관계가 회복되는 데 그 회복을 가리켜 뮌처는 '내적 질서'라고 불렀
다. 그 내적 질서를 세속사회와 체제로 대표되는 '외적 질서'에 변화를 일으

킬 기초로 보았다. 곧 내적 질서가 변화된다면 당연히 외적 질서에도 변화가 따라야 한다는 것이다. 다시 말해 경험된 믿음에 도달한 참된 신자는 자연스럽게 그가 사는 사회(현재의 세계)에서도 그런 믿음을 경험해야 함으로 현재 세계가 완전히 기독교 세계가 되어야 한다는 결론에 이르는 것이다. 그러므로 경험된 믿음은 그리스도의 십자가 고난을 기꺼이 받아들이는 대로 이어진다.

뮌처는 루터의 가르침을 '달콤한 그리스도(the Sweet Christ)'라고 비난하면서, '쓰디쓴 그리스도(the Bitter Christ)'를 따라야 한다고 말했다. 이로써 뮌처는 현실적 어려움을 참된 신자가 추구해야 할 당연한 일로, 고난을 두려워 피해야 할 짐이 아니라 적그리스도와 싸울 투쟁의지를 세우는 정신적 동력으로 해석하였던 것이다.

물론 뮌처는 천년왕국을 실현하는 데에서 성급한 행동이 갖는 위험을 잘 알고 있었다. 1523년 7월 18일 고향 쉬톨베르크에서 소요가 일어났을 때 그는 불필요한 소동을 피하라고 하면서 세상의 종말에 관해 근시안적 기대를 갖기보다는 신비주의적인 고난의 길을 택하라고 권면했다.

그러나 Mansfeld 백작이 Mallerbach 성당의 화재 등 사건이 생길 때마다 자신과 신자들을 연루시켜 박해를 하자, 그 시대를 적그리스도가 활동하는 시대로 규정지었다. 그는 주어지는 고난을 기꺼이 감수하려는 것에서 태도를 바꾸어 천년왕국적인 전투를 시작했다.

일찍이 전 세계를 그리스도교화한다는 목표 아래(신사도 교회의 건설) 일종의 비밀 군사결사조직인 선민동맹을 창설하였던 그는 이 세상에 천년왕국을 세우는 과정에서 칼(무력)을 쓸 수도 있다고 했다. 물론 그 칼은 폭군에게 저항하고 불신자를 뿌리 뽑는 도구로만 사용되어야 한다. 그는 말한다.

나의 좋은 동역자들이여. 커다란 돌이 마태복음 10장에서 그리스도가 '나는 평

쉬톨베르크의 뮌처박물관(시립박물관)

화를 주러 온 것이 아니라 칼을 주러 왔
다'고 말씀의 바탕을 약화시키려는 생
각을 산산이 부수어 버릴 것입니다. 칼
로 하는 것은 무엇입니까? 정확히 이것
입니다. 복음을 가로막는 악한 사람들
을 일소(一掃)하는 것입니다!

쉬톨베르크

　독일 농민전쟁은 마틴 루터의 종교개
혁운동에서 영감을 얻었다. 그리고 정작 마틴 루터에게서 저주를 당했다. 그
는 개혁가였지 혁명가가 아니었던 것이다. 만일 그를 혁명가 입장에서 본다
면 당대 일부 사람들과 오늘날 일부 사람들이 그러하듯이, 루터를 루터가 아

닌 다른 인물로 만들려 헛되이
애쓸 것이다. 그리고 그를 비난
하게 될 것이다.

체포된 채 화형당하는 농민군 지도자 야콥
[Jacob Rohrbach 1525년]
(P. Harrer, Beschreibung des Bauernkriegs, 1551. 59)

16

루터와 멜랑히톤

멜랑히톤의 고향 브레텐에 있는 십자가 교회의 제단화

비텐베르크 시청 앞 광
장에는 두 사람의 동상이
서 있다. 한 사람은 루터이
고 다른 한 사람은 멜랑히
톤이다.

필립 멜랑히톤은 어문
학자, 철학자, 인문주의자,
신학자, 교재집필자, 그리
고 그리스어와 라틴어로
시를 짓는 시인으로 알려져 있다. 이 모든 것을 압도하는 그의 별명은 Prae-
ceptor Germaniae(독일의 스승)이다.

그는 하이델베르크의 무기 제작자였던 아버지 게오르그 슈바르체르트
(Georg Schwartzerdt, 약 1459 – 1508)와 어머니 바바라 로이터(Barbara Reuter 약 1476 –
1529) 사이에서 1497년에 태어났다. 당시 유럽에 널리 알려진 인문주의자 요
하네스 로이힐린이 그의 이모부였다. 로이힐린은 필립 슈바르체르트의 이름
(성)을 그리스어를 본따 바꾸어주었다. 곧 Schwartz(→ 그리스어 μέλας)와 erdt(→

비텐베르크 시청 앞 광장에 선 두 사람(루터와 멜랑히톤)

그리스어 χθῶν)를 합쳐 멜랑히톤으로 한 것이다. 그는 1520년 비텐베르크에서 크랍(Katharina Krapp)과 결혼했다.

그는 17세에 석사 학위를 받고 21세 때 1518년에 비텐베르크 대학교 그리스어 교수로 부임했다. 그전에 그는 이미 여러 책을 냈다. 1518년에 출간한 《그리스어 교본》(Institutiones Graecae grammaticae)은 여러 판을 찍을 정도로 인기가 좋았다. 비텐베르크로 와서 '대학교 학문의 개혁'이라는 취임 연설을 했다. 여기서 그는 신학과 사회를 개혁하려면 인문주의 계획을 과감하게 실행하고 고전과 그리스도교 원전으로 되돌아갈 것을 주장했다.

루터와 멜랑히톤은 평생 친구이자 동지였다. 물론 두 사람의 성향은 전혀 달랐다. 둘의 나이는 14살 차이가 있었다. 루터는 힘이 넘쳤고 뚱뚱하며 자주 큰소리도 지르고 사람들과 잘 어울렸다. 멜랑히톤은 예민하고 부드러우며 조용하고 침착했다. 그는 종종 저돌적이며 거친 루터에게서 상처를 받곤 했다.

누가 보더라도 성격 차이가 이렇게 분명한데도 그 둘은 상대방의 선호도와 장점을 인정하며 잘 어울렸다. 루터가 없을 때에는 비텐베르크 시립교회에서 설교를 하기도 했는데, 그는 달변가라기보다는 말이 어눌한 편이라 설교가로는 인정을 받지 못했다. 나중에 그를 초빙하려는 사람들이 여러 곳에 많았으나 그는 비텐베르크와 루터의 곁을 떠나지 않았다.

로이힐린에게 헌정한 멜랑히톤의 그리스어 문법책. 이것은 에라스무스에게 극찬을 받았다.

그는 1518년 4월 루터가 하이델베르크에서 신학논쟁을 할 때부터 루터를 알았다. 1518년 루터의 95개조를 읽고는 루터가 자신이 생각하는 교회개혁에 알맞은 인물이라고 여겼다. 그는 '루터에게서 복음을 배웠노라'고 말했다. 그리고 1519년 라이프찌히 신학논쟁 때부터 평생 동안 루터와 동행했다.

1518년 11월 22일 루터는 아우그스부르크에 소환되었다. 95개 조항을 붙인 것을 심문하려고 교황청이 부른 것이었다. 그때 그는 비텐베르크 대학의 한 교수에게 편지를 썼다.

내가 나의 입장을 철회하지 않아 죽더라도 후회는 없네. 그러나 그대와의 말 할 수 없이 달콤한 교제가 중단되는 것이 가장 견디기 어렵다네.

루터가 말한 이 사람은 필립 멜랑히톤이었다. 그는 멜랑히톤을 하나님이 보내주신 '소중한 도구' 또는 '나의 가장 소중한 필립'이라고 부르곤 했다.

1520년 8월 멜랑히톤은 신학토론을 위한 18가지 명제를 제시했다.

1. 의인(Rechtfertigung)의 시작과 근거(principium)는 신앙이다.

2. 사랑은 신앙에서 나오는 일종의 작품(ein Werk)이다.

3. 사랑 안에서 구체화되는 신앙과 달리 하나님과 이웃을 향한 사랑 없이 단
   순한 사실에 대한 신앙은 순전히 환상이 만들어내는 산물(ein reines Phantasie-
   produkt)이다.

4. 사랑이 없는 신앙은 신앙이 아니다. 그것은 일종의 속이려는 의견(fallax
   opinio)일 뿐이다.

5. 그러므로 신앙에는 반드시 사랑이 동반되어야만 한다.

6. 신앙과 사랑은 하나님의 업적이지, 인간 본성이 만들어내는 작품이 아니다.

7. 만약 진정한 기독교의 본질이 안식일의 내적 평안과 온전한 자유(absoluta
   libertas)에 있다면,

8. 속죄의 행위(Satisfactio)는 사죄(poenitentia)의 한 부분이 아니어야 하고,

9. 동시에 기독교에는 다른 외형적 제물이 있을 수 없다.

10. 그러므로 미사는 제물(제사)이 아니다.

11. 미사는 또한 행위 업적이 아니며, 그러한 열매가 이 사람에게서 다른 사람
    에게 전가될 수 있는 것이 아니다.

12. 마치 세례가 세례를 받는 본인에게만 유효하듯이, 그 미사에 참석하는 사
    람에게만 도움이 될 뿐이다.

13. 세례와 같이 미사도 하나의 성례전적인 표식이다. 그것을 통하여 죄의 용
    서가 주님의 은혜로 주어지는 약속으로 확증된다.

14. 믿음으로 의롭게 되는 이신칭의의 개념에는 결코 인간의 그 어떠한 업적
    이 보태어질 수 없을 뿐 아니라,

15. 도리어 모든 인간의 행위는 실질적으로 죄일 뿐이다.

16. 모든 사람에게 이신칭의의 열쇠가 동일하게 주어졌기에 베드로(교황)의 수위권(primat)은 결코 신적인 권세라고 주장될 수 없다.

17. 아리스토텔레스가 말한 것과 같은 행복의 개념은 기독교 교리에 배치될 뿐 아니라, 인간에게 주어진 건전한 일반 상식(communis hominum sensus)에도 어긋난다.

18. 행복의 본질에 관하여 약삭빠른 궤변자의 머리를 어리석게 굴리는 것보다 성경에서 그 원천을 찾아나서는 것이 훨씬 바람직할 것이다.

이것이 그가 나중에 지은 《신학강요》(Loci communes rerum theologicarum seu hypotyposes theologicae 1521) 뼈대가 되었다. 이와 함께 그는 《아우그스부르크 신앙고백서》(1530)를 써서 개혁의 이론적 기초를 제공하였다. 앞엣것은 개신교 최초의 조직신학 책으로 1535, 1543, 1559 등에 연이어 개정 출판되며 독일 복음주의 교회에 큰 영향을 끼쳤다. 뒤엣것은 개신교 최초의 신앙고백서이다.

1521년 루터가 봐르트부르크 성에서 신약성경을 번역했을 때 멜랑히톤은 그것을 차분하게 읽어가며 어법에 맞게 손을 보았다. 이런 협력은 1534년 구약성경을 번역해 출판할 때까지 계속되었다.

1529년 쉬파이어에서 제국의회가 열릴 때 멜랑히톤은 종교개혁운동 세력을 대표해서 협상에 나섰다. 당시 루터는 파문당한 상태로 법적인 지위도 없었을 뿐만 아니라 비호감 인물로 찍혀 여기에 참여할 수가 없었다. 같은 해 마아부르크에서 열린 마아부르크 종교대화에는 루터와 함께 참여했다.

나중에 그는 보름스와 레겐스부르크에서 열린 종교대화에도 참여했다. 비

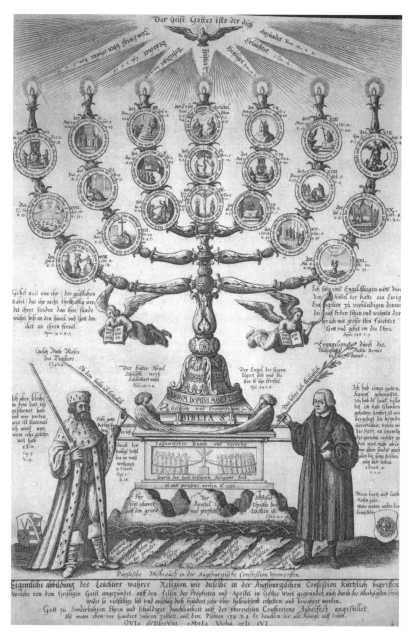

벤체슬라스 홀라가 아우그스부르크 신조 21개항을 도표로 만들었다

록 나중에 재세례파에 대한 사형에 긍정적인 태도를 취했지만, 그는 기본적
으로 비폭력과 교회일치를 지향하는 입장에 섰다.

1530년 신성로마제국 황제 칼 5세는 아우그스부르크에서 제국의회를 개
최했다. 당시 루터에게는 제국을 망치는 자라는 꼬리표가 붙어 있었다. 그래
서 그는 제국의회에 참석할 수가 없었다. 그는 거기서 멀지 않은 코트부르크
에 머물면서 멜랑히톤 일행과 긴밀히 연락을 주고받았다. 그는 멜랑히톤의
양보에 대해 엄하게 질책하며 영주 프리드리히에게 어떠한 담판도 거부한다
고 자기 입장을 밝혔다.

이보다 한 해 전 쉬파이어 제국의회에서 개신교도를 가리켜 '프로테스탄
트'라는 칭호가 붙었다. 이는 보름스 칙령을 관철시키려는 황제와 천주교회
측에 반대했기 때문에 붙여진 이름이다. 이는 황제와 천주교회의 말을 듣지
않는 반항자란 뜻이다. 물론 개신교도들은 이 칭호를 자랑스럽게 생각했으
나 황제는 이를 비아냥거리는 용어로 썼다.

칼 5세는 천주교회와 개신교회 양측에게 각자의 신앙고백서를 내라고 요
구했다. 멜랑히톤은 여러 차례 수정을 거쳐 '아우그스부르크 신앙고백서'를
제출했다. 28개조로 된 이것은 1조~21조(종교개혁가들의 신앙과 교리) 22조~28
조(로마 가톨릭 교회의 잘못)로 되어 있다.

  1. 하나님 2. 원죄 3. 하나님의 아들 4. 의인(義認) 5. 설교 6. 새로운 귀의 7. 교회
  8. 교회의 의미 9. 세례 10. 성만찬 11. 고백 12. 거듭남 13. 성례전 14. 교회 조
  직 15. 교회법 16. 세속 권력과의 관계 17. 심판 18. 자유 19. 죄의 원인 20. 신앙
  과 선행 21. 성인을 향한 공경.

루터의 동의와 제후들의 서명을 받아 제출한 이것을 황제는 받아들이지
않았다. 그는 천주교회 측에 반박문을 내라고 했다. 이에 멜랑히톤은 이 신앙

아우크스부르크의 울리히 교회(개신교) & 울리히-아프라 교회(천주교회)

고백서보다 7배가 넘는 분량으로 변론문을 작성했는데 황제는 이것도 받아들이지 않았다.

루터가 죽은 뒤 1548년에 열린 아우그스부르크 임시신조협정(Augsburger Interim)에서 그는 타협적인 태도를 취했다. 이 때문에 정통 루터파에게서 거센 반발을 샀다. 여기서 그는 마음의 상처를 크게 받았다.

루터가 '여윈 새우'라고 부를 정도로 그는 병약했다. 학창시절부터 불면증에 시달렸다. 목소리도 작고 조용했다. 1540년 하겐아우에서 열린 신학토론회에 참석했다가 갑자기 쓰러져 거의 죽을 뻔했다. 1541년 레겐스부르크로 가던 도중 그는 마차에서 쓰러졌다. 그 때문에 레겐스부르크 제국의회의 개회가 지연되기도 했다. 이때 입은 부상으로 그는 저술과 생활에 많은 지장을 받았다. 1560년 4월 4일 라이프찌히에서 돌아올 때 감기를 달고 왔다. 4월 14일에 강의를 계속할 예정이었으나 하지 못했다. 점점 열이 높아지다가 4월 19일 하나님의 부름을 받았다.

그가 죽기 직전에 멜랑히톤에게 누군가 물었다고 한다. '필요한 것이 있습니까?' 멜랑히톤은 '하늘나라 외에는 아무것도, 그러

루카스 크라나흐가 그린 멜랑히톤 초상화
(1537)

'하나님 말씀과 루터의 저작은 교황과 깔뱅에게 독약이다'(비텐베르크 루터의 집에 있는 비문)

'필립 멜랑히톤의 무덤(비텐베르크 궁정교회)

니 내게 더 이상 묻지 말기를!'라고 대답했다. 그는 비텐베르크 궁정교회 안 루터의 무덤 곁에 묻혔다.

Loci Communes의 여러 개정판

17

루터와 크라나흐

종교개혁운동의 발상지인 비텐베르크에 오기 이전에 루카스 크라나흐(Lu-
cas Cranach 1472-1553)는 평범한 화가들 중에 하나였다. 그는 비엔나의 다뉴브
파 (Danube School)에 속하여 초상화와 종교적 풍경화를 낭만적 화풍으로 즐겨
그리던 사람이다. 1505년 비텐베르크의 궁정화가로 오면서 그의 인생에 커
다란 변동이 일어났다. 일약 평범한 화가에서 종교개혁운동을 대표하는 화
가로 변신한 것이다.

크라나흐는 마틴 루터와 절친이자 성실한 지지자였다. 루터가 비텐베르크
대학교에 와서 신학을 공부하며 철학을 강의하던 시절에 이 두 사람이 만났
다. 비텐베르크에는 루터를 지지하는 사람들이 많이 모여들었는데 크라나흐
역시 루터에게 큰 영향을 받았을 뿐 아니라 개인적인 친분을 돈독히 나누는
관계였다. 1520년 루터는 크라나흐의 딸 안나의 대부가 되었고, 그는 루터의
결혼식에 초대받은 몇 안 되는 사람들 중 한 명이다. 그 몇 해 뒤에, 훗날 법
률가가 된 루터의 장남 요하네스(Johannes)의 대부(Paten)가 되었다.

크라나흐는 비텐베르크에 큰 화방을 차려 놓고 성경의 삽화용 목판을 비
롯하여 종교개혁에 필요한 그림들을 제작했다. 현재 그의 작품이 약 1,000여

1534년 루터성경(신구약성경완역본)에 들어간 삽화: 창조

점 남아 있다. 그의 아들 둘을 비롯하여 많을 때에는 12명이 공동으로 작품을 만들기도 했다.

크라나흐는 초기에 루터가 쓴 책의 표지그림을 비롯하여 《고난의 그리스도와 적그리스도》(1521)에는 교황 이미지를 캐리커처로 풍자했다. 《계시록》 제1판(1522)에서 일곱 머리 달린 용과 바빌론의 창부, 그리고 바다의 괴물이 교황을 섬기는 삽화를 넣은 사람도 크라나흐이다. 1534년 루터가 완역해서 발행한 《루터성경》의 삽화를 그린 그는 기회가 될 때마다 루터에게 삽화를 제공했다. 이 성경에는 그가 그린 삽화 117점이 들어 있다. 그리고 각종 설교집, 기도서, 찬송가 등에 목판화, 삽화, 장식들을 넣음으로 그는 신자들의 이해를 돕는 한편 루터가 발간하는 책을 아름답게 꾸미는 데 크게 공헌했다.

우리가 비텐베르크를 중심으로 전개된 종교개혁운동에 참여한 인물들의 얼굴을 알 수 있는 것은 크라나흐 부자 덕분이다. 당시 프리드리히 왕가가 다스리는 영주국가에서 활동하던 그들은 많은 작품 활동을 통해 그 시대의 풍속과 문화를 알 수 있게 하였을 뿐만 아니라, 그 시대 역사의 한 페이지를 장식하던 인물들의 초상화, 그리고 성경을 비롯한 각종 책자의 표지화 및 속지 그림으로 아주 훌륭한 유산을 남겨주었다.

아버지 루카스 크라나흐와 비텐베르크 시교회 안에 있는 아들 크라나흐의 묘

1516년 아버지 크라나흐(1475-1553)는 비텐베르크 시의회의 요청에 따라
대형 십계명 그림판을 완성했다. 시의회는 이 그림을 시청사 법정에 걸어두
고자 한 것이다.(이것은 지금 루터의 집에 전시되어 있다)

160cm x 335cm 크기의 이 그림판은 십계명의 내용을 무지개로 이어지게
만든 10개의 그림으로 구성되었다. 그림 전체가 무지개로 덮여 있는데 이는
창세기 9장을 염두에 둔 것이다. 곧 범죄와 타락으로 홍수 심판을 받은 인류
에게 하나님께서 새로운 언약을 세우시며 그 언약의 상징으로 무지개를 보
여주셨던 것이다. 이 십계명 그림의 무지개는 멸망당할 운명에서 구원받은
인류를 상징하는 동시에 하나님의 말씀과 규례와 언약의 영향력이 우주만물
에게 미친다는 뜻이다.

이 그림의 구체적인 내용을 착상할 때 크라나흐는 아마 마틴 루터의 영향

프리드리히 왕가의 세 영주. 이들은 루터의 듬직한 후원자였다.

을 받았을 것이다. 루터는 1516-1517년에 십계명 내용을 중심으로 설교했으며, 이를 1518년에 《십계명에 대한 간단한 설명》이라는 제목으로 출판했다. 루터의 이 설교는 커다란 반향을 일으켰다. 당대의 어떤 사람은 이 설교를 듣고 '루터가 알려준 만큼 이 십계명을 이해하는 사람이 그 당시에 없었다'고 할 정도였다.

이 그림판 내용을 하나하나 살펴보면 각각의 계명마다 지킴과 어김이라는 팽팽한 긴장감이 가장 먼저 눈에 들어온다. 이것을 강조하려고 크라나흐는 각각의 인물과 그 행동에 천사와 사탄을 등장시켰다. 이들은 노골적인 모습으로 혹은 숨겨진 모습으로 나타난다. 이는 인간의 모든 행위에는 천사의 얼굴과 악마의 얼굴 두 가지가 서려 있다는 뜻이다. 곧 그 둘 중 어느 쪽에 더 비중을 크게 두고 행하느냐에 따라 사람의 행실은 선(정의)의 열매 혹은 악의 열매(불의)를 맺는다는 것이다.

그리고 각각의 인물이 입고 있는 의상으로 준수와 저촉의 주제를 부각시켰다. 여기에는 옷을 잘 차려 입은 사람들이 종종 계명을 어기는 자로 나타난다. 그들의 좋은 지위와 명예와 권세가 그 당시에, 오늘날에도 크게 다르지

않지만, 모든 사람에게 똑같이 적용되어야할 규범을 어기게 만드는 경우가 적지 않았던 것이다.

장로교회(개혁교회) 전통에 따른 십계명은 다음과 같다.

1계명: 너는 나 외에는 다른 신들을 네게 두지 말라.

2계명: 너를 위하여 새긴 우상을 만들지 말고 또 위로 하늘에 있는 것이나 아래로 땅에 있는 것이나 땅 아래 물속에 있는 것의 어떤 형상도 만들지 말며 그것들에게 절하지 말며 그것들을 섬기지 말라.

3계명: 너는 네 하나님 여호와의 이름을 망령되게 부르지 말라.

4계명: 안식일을 기억하여 거룩하게 지키라.

5계명: 네 부모를 공경하라.

6계명: 살인하지 말라.

7계명: 간음하지 말라.

8계명: 도둑질 하지 말라.

9계명: 네 이웃에 대하여 거짓 증거하지 말라.

10계명: 네 이웃의 집을 탐내지 말라.

아래 그림은 성 아우구스티누스의 분류에 따라 정한 루터 교회의 십계명이다.

1계명

2계명

3계명

4계명

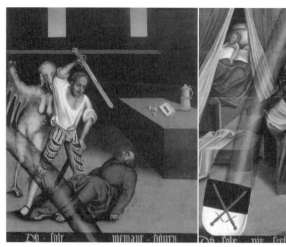

5계명   6계명

7계명   8계명

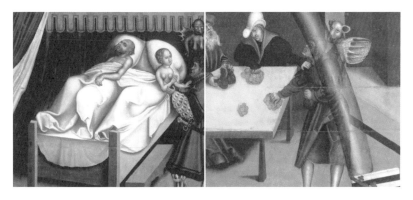

9계명   10계명

크라나흐의 슈니베르크 제단화(성 볼프강 교회 Schneeberg 1532–39년)

　한편 기독교 안에서도 각 교회의 전통에 따라 십계명을 분류하는 내용에 차이가 있다. 그 차이점을 살펴보면 다음과 같다.

계 명	유대교	성공회 개혁교회	정교회 재림교회	루터교 천주교
나는 네 하나님 여호와로라.	1	머리말	1	
너는 나 이외에 다른 신들을 네게 두지 말라.	2	1	1	1
너를 위하여 새긴 우상을 만들지 말라.		2	2	
네 하나님 여호와의 이름을 망령되게 부르지 말라.	3	3	3	2
안식을 기억하여 거룩하게 지키라.	4	4	4	3
네 부모를 공경하라.	5	5	5	4
살인하지 말라.	6	6	6	5
간음하지 말라.	7	7	7	6
도둑질하지 말라.	8	8	8	7
거짓증거하지 말라.	9	9	9	8
네 이웃의 아내를 탐내지 말라.	10	10	10	9
네 이웃의 집을 탐내지 말라.				10

이밖에 그가 그린 토르가우 제단화(1509년), 노이쉬테터 제단화(1511), 막달레나 제단화(아샤펜부르크 1520-25년), 슈니베르크 제단화(성 볼프강교회 1532-39년), 종교개혁 제단화(비텐베르크 시립교회 1537-47년), 봐이마르 제단화(성 베드로와 바울 교회(1555년) 등이 있다.

18

이는 내 몸이라

성만찬 논쟁

루터와 그의 동료들이 독일에서 개혁을 진행하고 있는 동안 스위스의 독일어 사용 지역(취리히)에서는 쯔빙글리(1484-1531)가, 스트라스부르크(Strassburg)에서는 부처(Martin Butzer[Bucer] 1491-1551)가 종교개혁운동을 주도했다. 이들이 1529년 10월 1-4일 독일 중부 지방에 작은 마을 마아부르크(Marburg)에 모였다(Marburger Religionsgespräch). 이곳은 프랑크푸르트에서 북쪽으로 약 50Km 떨어진 곳으로, 그 당시 헤센 지방을 다스리는 필립 영주(Landgraf Philipp der Großmütige)의 영토에 속했다(1527년 개신교 대학교로 현존하는 가장 오래된 대학교가 서 있다 Philipps-Universität Marburg).

이 모임을 위해 영주 필립(Landgrafen Philipp des Großmütigen)은 위의 세 사람에다가 비텐베르크에서 필립 멜랑히톤(Philipp Melangchton), 유스투스 요나스(Justus Jonas), 스트라스부르크에서 헤디오(Kaspar Hedio) 쉬베비쉬 할에서 브렌츠(Johannes Brenz), 뉘른베르크에서 오시안더 (Andreas Osiander), 바젤에서 외콜람파디우스(Johannes Oekolampadius), 그리고 아그리콜라(Stephan Agricola) 등 종교개혁 운동가들과 개신교를 지지하는 각 도시들의 정치적 대표자들을 한 자리

마아부르크 종교회의 참석자들과 그들의 서명

에 초대했다.

　그는 루터에게 이 모임에서 논의할 사항을 미리 준비해 달라고 부탁했다. 루터는 그것을 15가지 조항으로 정리했다(Marburger Artikel). 학자들 가운데에는 이 모임을 주선한 필립 영주의 정치적 의도와 야욕을 강조하는 이도 있다. 물론 틀린 이야기는 아닐 것이다. 그러나 이 모임이 종교개혁운동 시절에 독일 작센 지방(비텐베르크), 남서부 지방(스트라스부르크), 그리고 스위스(취리히)에서 각각 종교개혁운동을 이끄는 지도자들이 처음이자 마지막으로 한 자리에 만난 사건이라는 점에서, 그 자체로도 역사적인 의미가 있다.

　1526년의 쉬파이어에서 열린 제국의회는 개신교의 존재와 선교의 자유를 인정했으나 그 결정은 3년도 채 지나지 않아 뒤집어졌다. 1529년 쉬파

헷센의 영주였던 용감한 자 필립(Landgrafen
Philipp des Gro ß mütigen 1504–1567)

루터와 츠빙글리의 성만찬 논쟁
(취리히 뮌스터의 동판문 부조 중에서)

이어에서 열린 제국의회가 루터를 정죄한 보름스 칙령을 재확인한 것이다. 천주교 측의 이 공세에 맞서 개신교 진영이 신학적으로 일치된 신앙을 가질 필요성이 커졌다. 종교개혁운동의 공통점을 찾으며 서로 간의 차이점을 줄이는 데 그 목적이 있었다.

이 대화모임의 사회를 맡은 화이케(der hessische Kanzler Johann Feige)는 성만찬 논쟁에 접어들기 전에 신학적 분열이 가져올 피해에 대해 언급했다(사실 성만찬에 대한 논쟁은 이미 1524년 이후로 여러 신학자들 사이에서 간간히 진행되어 왔다).

이 자리에서 루터는 책상 위에 '이것은 내 몸이다'(Hoc est corpus meum)라는 말씀을 손가락으로 쓰면서 자기 입장을 펼쳤다. 츠빙글리와 외콜람파드는 예수님이 하나님 오른편에 앉아계신다는 점을 언급하는 한편 수많은 장소에서 거의 동시에 베풀어지는 성만찬에 어떻게 주님의 몸이 동시에 임재할 수 있겠느냐 면서 이성적인 차원에서 이 문제에 접근했다.

사실 성만찬에 관한 입장은 마태 26:26; 마가 14:22; 누가 22:19; 고전

마아부르크 궁성

11:24(참고 요한 6:22-59)를 어떻게 받아들이냐에 달려 있다. 이 가운데 오래된 문서는 고린도전서와 마가복음이다. 이 둘의 차이점을 비교해 보면 다음과 같다.

	마가복음 14:12-26	고린도전서 11:23-26
최후만찬의 때	무교절의 첫날 곧 유월절 양 잡는 날에	주 예수께서 잡히시던 밤에
살과 피에 관한 말씀	이것은 내 몸이니라 하시고 또 … 이것은 많은 사람을 위하여 흘리는 나의 피 곧 언약의 피니라(parallel)	너희를 위하는 내 몸이 … 이 잔은 내 피로 세운 새 언약이니 (asymmetrisch)
살의 의미		이것은 너희를 위하는 (그 자리에 참여한 사람을 위해)

피에 관한 의미	··· 많은 사람을 위하여 (개방된 구원론의 의미)	
언약(계약)	나의 피 곧 언약의 피니라	··· 새 언약이니···
명령		이것을 행하여 나를 기념하라 ··· 이것을 행하여 마실 때마다 나를 기념하라
도둑질하지 말라	진실로 너희에게 이르노니 내가 포도나무에서 난 것을 하나님 나라에서 새 것으로 마시는 날까지 다시 마시지 아니하리라	너희가 이 떡을 먹으며 이 잔을 마실 때마다 주의 죽으심을 그가 오실 때까지 전하는 것이니라 ···

떡과 포도주에 관계된 말씀을 비교하면 다음과 같다.

떡	
마태복음	이것은 내 몸이니라
마가복음	이것은 내 몸이니라
누가복음	이것은 너희를 위하여 주는 내 몸이라
고린도전서	이것은 너희를 위하는 내 몸이니
포도주	
마태복음	이것은 죄 사함을 얻게 하려고 많은 사람을 위하여 흘리는 바 나의 피 곧 언약의 피니라
마가복음	이것은 많은 사람을 위하여 흘리는 나의 피 곧 언약의 피니라
누가복음	이 잔은 내 피로 세우는 새 언약이니 곧 너희를 위하여 붓는 것이라
고린도전서	이 잔은 내 피로 세운 새 언약이니

마가복음과 고린도전서 본문의 이런 차이는 복음서끼리의 차이와 더불어 그에 관한 해석은 물론 그에 따른 이해와 수용의 차이가 생겨날 가능성을 처

음부터 안고 있었다.

일찍이 트리엔트공의회 결정에 따라 천주교회는 성만찬에서 화체설(化體說)을 공식적인 입장으로 채택했다(Wandlung oder Transsubstantiation). 이는 십자가에 희생당하신 그리스도의 몸과 피가 사제가 축성(consekration, 성만찬 제정사)하며 집례하는 성만찬에서 희생제물로 지속적으로 바쳐짐으로써 떡과 포도주가 실제적인 그분의 몸과 피로 변화한다는 것이다(leibliche fortdauernde Real-präsenz Christi als priesterliche Vergegenwärtigung des einen Opfers Christi). 이에 대해 루터는 그리스도의 십자가 희생은 우리에게 단 한번으로 하나님의 구원을 가져다주었으므로 계속 되풀이될 필요가 없다고 보았다.

마아부르크 대화모임에 모인 신학자들은 개신교(복음주의) 신앙을 대표하는 '15개 조항' 중에서 니케아 신앙고백의 수용, 삼위일체론, 원죄론, 그리스도의 대속적인 죽음, 거듭남의 표지인 세례, 유아세례, 믿음에 따른 의, 선행을 통한 성화 등 14개 조항에 대해 의견이 일치했다. 루터와 츠빙글리 사이에는 성만찬 제단에서 과연 그리스도가 육체적으로 현존하느냐는 문제에서 의견이 갈렸다.

루터는 화체설은 아니지만 성직자의 축성기도 등 성찬집례에 그리스도가 실제로 현존한다는 공재성(共在說)을 고수했다(praedicatio identica 공재설 leibliche Realpräsenz von Christi Leib und Blut im Vollzug des Abendmahls durch die Konsekrationsworte ohne Opferwiederholung).

츠빙글리는 성만찬에서 쓰이는 포도주와 빵이 상징적 의미를 지닌다는 생각을 바꾸지 않았다(기념설 geistliche Realpräsenz Christi im Wort und Glauben ohne Wandlung der Elemente, die dafür Symbole, Abbilder, Zeichen sind und bleiben). 그는 성만찬을 교회의 신앙고백에 따른 상징행위로 보며 신비적인 요소를 빼고 이성적으로 생각하면서 하나님의 절대적인 초월성을 강조했다. 루터의 영향을 받았으면서도 인문주의 성향이 강한 그는 성만찬을 단순히 그리스도를 기억

마아부르크 대학교(옛 건물)

스트라스부르크에서 활동한 마틴 부처
(1491–1551)

(기념)하는 행위로 여겼고, 루터는 성직자
가 제정사를 하는 동안 십자가에 달리신
그리스도의 몸과 피가 그 떡과 포도주 안
에, 위에, 아래에 임재한다고 보았다. 이
로써 루터는 성만찬 참여자가 그리스도
와 신비하게 연합하는 교제를 강조했다.

　평소 성만찬에 관심이 많았던 부처는
루터의 공재설보다는 츠빙글리의 기념설
에 공감하는 편이었으나, 어느 쪽에도 서
지 않고 이 양자의 입장을 조율하려고 노
력했다.

이 두 사람이 상대방의 견해를 받아들이지 않은 데에는 다른 이유도 있었다. 곧 루터는 츠빙글리의 신학적 주장이 성만찬의 신비적인 요소를 부인하는 과격파 종교개혁자들(카알쉬타트, 츠빙글리, 뮌처 등)의 입장과 비슷하다고 생각했다.

울리히 츠빙글리(1531년)

츠빙글리는 루터의 신학적 주장이 화체설을 주장하는 천주교회의 입장에서 크게 벗어나지 않는다고 보았다. 그는 '성만찬에 십자가의 구속을 이루신 그리스도가 실재한다고 주장하는 사람은 누구나 교황을 따르는 사람'이라고 말했다. 그래서 누가복음 22장 19절을 루터가 '이는 내 몸이라'고 번역한데 비해, 츠빙글리는 '이는 내 몸을 의미한다(가리킨다)'로 번역하였던 것이다.

츠빙글리는 성만찬을 ① 그리스도가 보여주신 모범에 대한 교회의 신앙고백이자 ② 그분의 죽으심을 기념하는 것이며 ③ 성도를 장차 이루어질 구원의 승리를 확신하는 데로 이끄는 예식으로 받아들였다. 이런 그를 가리켜 루터는 '귀하는 우리와 다른 영혼(Geist)을 가지셨군요'라고 응수했다. 그는 신적인 것과 인간적인 것, 그리스도의 육과 영을 엄격하게 분리하는 대신에 신비한 결합(연합)

종교 개혁가들과 성만찬

을 강조하였던 것이다. 하늘로 들려 올리신 분이 곧 십자가에 달리신 분이라

종교개혁운동가들

는 것이다. 이 두 가지 속성은 하늘에서, 그리고 성만찬에서 늘 재현되며, 더 나아가 언제 어느 곳에서나 현재화된다고 그는 믿었다.

사실 그들은 믿음의 동기도 같지 않았다. 루터는 '나는 이해할 수 없기에 믿는다'(credo quia absurdum)라고 말한 반면, 츠빙글리는 '나는 알기 위해 믿는다'(credo ut intellegam)라고 말했다. 게다가 루터는 종교개혁운동 진영이든 황제 또는 천주교 진영이든 그 어느 편을 막론하고 무기를 동원하는 방법(폭력)으로 뜻을 이루려는 시도에 무조건 반대했다. 츠빙글리와 그 지지자들은 정당한 목적을 이루기 위해서라면 무기를 동원하는 것도 옹호했다(이로부터 2년이 지나 아우크스부르크 제국의회가 개신교 신앙을 완전히 묵살한 후에야 루터는 개신교 신앙을 지키기 위한 쉬말칼덴 방어동맹을 결성하는 것에 찬성했다).

1529년 1월 1-3일에 열린 이 대화에서 이들은 마지막까지 성만찬에 관해 토론하면서 '주님의 참 몸과 참 피가 떡과 포도주 안에 실재로 임재하는가'에 대해 의견이 갈라졌다. 이 불일치하는 부분에 대해 다음과 같이 쓰고 참석자 중 종교개혁운동가 열 사람이 서명했다.

'… 열다섯 번째, 우리를 사랑하시는 주 예수 그리스도의 만찬에 대하여 우리는 다음과 같이 믿고 받아들인다. 곧 성만찬에서 떡과 포도주 이 두 가지가 다 사용되어야 하며, 성만찬 식탁은 진실로 예수 그리스도의 몸과 피가 나누어지는 성례전이 되어야 한다. 그리스도인 각자에게 이 살과 피를 먹고 마시도록 허용되는 것이 필요하다. 이 성례전을 행할 때에는 전능하신 하나님의 말씀도 동시에 전해지고, 그 말씀이 가르치는 대로 따라야 한다. 이는 우리의 흔들리고 연약한 확신을 성령께서 믿음으로 바꾸게 하시기 위함이다.

우리는 예수 그리스도의 진짜 몸과 진짜 피가 그 실체대로 이 떡과 포도주에 임하시는지에 대해 이번에는 의견일치를 보지 못했다. 이 부분을 우리는 각자가 지닌 확신에 맡겨두기로 했다. 이런 장애가 있다 하더라도, 상대방을 향한 우리의 그리스도인다운 사랑을 방해하지 않을 것이다. 하나님께서 성령으로 우리에게 역사하시어 바른 성만찬을 집행할 수 있도록 인도해주시기를 우리 양 진영은 전능하신 하나님께 열심히 기도드릴 것이다. 아멘.'

헤센의 영주 필립은 이 정도면 종교개혁운동의 두 흐름(장로교와 루터교)이 아주 가까워졌다고 판단했다. 그는 양측에게 서로를 형제로 인정하고 형제 관계를 유지하라고 제안했다. 이에 대해 불링거(Johannes H. Bullinger, 1504-1575) 목사는 이렇게 기록했다.

이에 츠빙글리는 '이 세상에 사는 사람들 중에 다른 사람들과 하나가 되고 싶지 않은 사람은 아무도 없을 것'이라면서 그는 '비텐베르크 사람들을 포함하여 루터 및 그 일행을 기꺼이 형제로 받아들이고 싶다'고 말했다. 외콜람파드, 부처, 그리고 헤디오도 같은 생각이었다. 그런데 루터는 그들을 결코 형제로 받아들이려 하지 않았다. 그는 자신의 성례전론이 틀렸다고 주장하는 사람들에게서 상처를 받았다면서 그들과 형제가 되려면 먼저 그들이 (하나님 말씀과 다른) 이론을 고수하지 말아야 한다고 말했다.

이유야 어떻든 종교개혁운동의 통일성을 찾아내려는 뜻에서 이루어진 이 종교대화는 마지막 부분인 성만찬 토론에서 의견일치를 보지 못함으로써 끝

마아부르크 시내(Hirschberg 13, 1321년)

내 목적을 이루지 못했다. 그리고 종교개혁 운동의 흐름을 바꾸어 놓을 수도 있었던 개신교 동맹도 실현되지 않았다. 그렇지만 이 토론에서 루터와 츠빙글리는 상대방의 주장이 지닌 약점을 부각시키지 않았다. 그보다는 각자 자기 입장의 장점을 강조하면서 자신들이 해결하지 못하는 부분에 대해 개방적이면서도 진지하게 토론했다.

이 대화가 열리기 전인 1528년 루터는《그리스도의 성만찬. 신앙고백》이라는 글을 썼다. 거기서 그는 말했다.

떡과 포도주 안에서 그 몸과 피는 진실로 그 자체가 변한다. 성직자가 그것을 건네주는 동시에, 혹은 그것을 받아드는 동시에 우리는 그것을 먹고 마신다. 왜냐하면 그것은 인간이 믿느냐 믿지 않느냐에 달린 것이 아니라 하나님 말씀과 규율에 달린 것이기 때문이다.

지금 이 성례전을 반대하는 자들이 말하듯이 그것이 단순히 떡과 포도주에 머물고 말려면 우선 하나님 말씀과 규율부터 바꾸거나, 그 가르침과 다른 것을 생각해 내야 하는 것이다. 왜냐하면 그들은 하나님의 말씀과 성만찬 제정규율을 지키는 것이 아니라 그들의 나름대로의 관념대로 그것을 변경시키거나 무시하기 때문이다.

19

루터의 영적 여행

수도사 시절 루터는 자기 자신에 대해 아주 엄격했다. 그는 혹독한 고행의 길을 마다하지 않고 기꺼이 선택했으며, 금식에 들어있는 자기교만의 위험성을 말하면서도 주변 사람들이 건강도 생각하라며 말릴 만큼 자주 금식을 했다.

종교개혁 운동을 시작한 이래 그는 라이프찌히 논쟁, 하이델베르크 토론회, 보름스에서 받은 종교재판, 봐르트부르크에서 은거하며 지낸 세월, 마아부르크 종교회의, 아우그스부르크 종교회의 등 굵직굵직한 일들을 소화해내는 과정에서 말할 수 없이 많은 압박을 받았다.

게다가 거의 매 주일 거르지 않고 설교를 했으며(평생 동안 약 2,300여 회) 다수의 찬송가를 작사 작곡했다. 신구약 성경을 원어에 기초하여 번역했고 그 다음에는 계속해서 개정했다. 그리고 틈틈이 논쟁적인 또는 학문적인, 교육적인 글들을 써냈다.

이런 저런 일들에 과로가 겹쳐 루터의 몸은 만신창이가 되었다. 통풍, 결석, 소화불량, 두통, 심장 질환, 중이염 등 만성질환에 시달리던 그의 병이 1527년에는 더욱 심각해져 설교까지도 중단해야 할 처지가 되었다. 8월에는

탁상담화가 오고 간 루터의 거실(비텐베르크)

설상가상으로 전염병이 비텐베르크를 휩쓸었다. 이런 육체적인 위험들은 루터가 겪는 정신적 우울증에 비하면 아무것도 아니었다. 자신이 곧 죽을지도 모른다는 공포에 휩싸인 루터는 전염병을 피해 먼 곳으로 피신해 있던 멜랑히톤에게 또 다른 병에 걸렸노라고 편지를 썼다.

> 나는 벌써 한 주간 이상을 죽음과 지옥에서 헤매는 중이네. 온 몸은 고통에 빠져 있고 지금도 떨리고 있네. 그리스도로부터 완전히 버림을 받아서 나는 절망의 폭풍우 아래에서 신성모독의 지경까지 이르러 고통당하고 있다네.

이러한 시련 가운데에서도 루터는 자비로우신 하나님을 향한 신뢰를 잃지 않았다. 그의 확신은 몸의 건강 여부나 주변 환경의 변화에 좌우되는 것이 아니었다. 찬송 '내 주는 강한 성이요'(Ein feste Burg ist unser Gott = 강한 성은 우리 하나님이시다.)는 바로 그런 배경 아래 만들어졌다. 루터는 궁극적으로 승리를 주시는 하나님에 대한 믿음을, 장조로 된 위풍당당한 곡조에 실었다. 그것을 번역하면 다음과 같다.

> 3절: 악마들로 가득 찬 이 세상이 우리를 위협할지라도 우리는 두려워하지 않노라. 하나님이 그의 진리가 우리를 통해 승리하도록 뜻하셨으니. 소름끼치는 어두움의 왕 앞에 우리는 떨지 않노라. 그의 분노를 우리들은 참을 수 있으리. 그의 운명은 정해졌도다. 작은 한 말씀이 그 위에 덮치리.

> 4절: 그 말씀은 이 땅의 세력들 위에 머무르시나니, 이들에게 감사치 말지니라. 성령과 은사는 우리의 것, 우리 곁에 계신 그를 통하여. 재물과 친척, 그리고 이 죽을 목숨도 사라지게 하라. 그들은 몸을 죽이지만, 하나님의 진리는 영원히 죽지 않으리. 그 나라 영원하리라.

52세 때 이미 그 몸에 여러 가지 이상 징후가 나타났다. 1533년 크라나흐가 그린 그림에는 그 몸이 이전 같지 않게 나타나 있다. 1533년에 그는 위의 통증을 자주 호소했다. 1537년부터는 담석증으로 고통을 겪었다. 작센 영주의 주치의가 그를 치료하였어도 효과가 별로 없었다.

이런 가운데서도 그는 왕성하게 활동했다. 1537년 2월에는 마차를 타고 튀링엔 지방 여러 교회들을 방문하였는데, 그 길을 가는 동안 심하게 덜컹거린 탓인지 놀랍게도 담석이 몸 밖으로 빠져나왔다. 평소에 오직 기적만이 자신을 살릴 수 있다고 말하던 그는 그해 2월 27일 부인에게 다음과 같이 편지했다.

> 내 통증이 가라앉았소. 지금 나는 다시 태어난 기분이오.

탁상담화가 오고 간 루터의 거실(비텐베르크)

병마 및 우울증과 싸우면서도 루터는 교회를 열심히 찾아다녔다. 가는 곳마다 하나님 말씀을 증언하고, 그들과 영적인 대화를 나누었다. 1527부터 28년까지 작센 지방의 여러 교회들을 찾아다니며 깨달은 바가 있었기에 그는 시간과 몸이 허락하는 한 이 일을 계속하기로 결심했다.

이 과정에서 그는 교인들의 영적 무지를 발견하고 크게 충격을 받았다. 사람들은 더 이상 천주교회가 가르치는 관습대로 살지 않았지만, 그렇다고 해서 복음의 자유가 부여하는 새로운 도덕적 책임을 실천하며 사는 것도 아니었다. 그들은 과거에 자신들을 얽매던 굴레에서 해방된 기쁨을 누리면서도 새로운 신앙에 걸맞게 살아가는 법을 아직 찾아내지도 몸에 익히지도 못했던 것이다.

이 방문에서 돌아온 루터는 이 문제가 심각하다는 것을 깨달았다. 그는 1529년과 1538년에 교인을 교육하기 위한《소교리 문답서(der Kleiner Katechismus)》와《대교리 문답서(Der Große Katechismus)》를 썼다.《소교리 문답서》는 가정에서 어른과 아이들 모두가 함께 모여서 공부할 것을 염두에 두었고,《대교리 문답서》는 특히 어른과 교역자들을 배려하여 작성했다. 이 교리 문답서들은 성경 전체에서 신앙생활을 하는데 가장 필요한 부분들을 가려 뽑아 요약한 것으로 나중에 '평신도의 성경'이라고 일컬어진다. 이는 그가 그 주제들

루터의 교리 문답서

을 복음적 성경관에 기초하여 배열하였을 뿐만 아니라, 복음의 알맹이를 추려낸 것이기 때문이다.

우리 구원을 확고하게 하는 데에는 중요한 것이 세 가지 있다. 우선 십계명을 통해 무엇을 해야 하는지와 무엇을 하지 말아야 할지를 알아야 한다. 둘째로 사도신조를 통해 자신의 능력으로는 해야 할 것을 하지 못하고 또 하지 말아야 할 것은 할 수밖에 없는 것을 알게 될 때, 어디서 중요한 도움을 구하고 찾아야 할지 알아야 한다. 셋째로 주기도를 통해 이 힘을 어떻게 구하고, 찾고, 얻어야 할지 알아야 한다.

루터가 작성한 《소교리 문답서》는 다음과 같은 내용을 담고 있다.

1. 서론

2. 십계명

3. 사도신조

4. 주기도문

5. 거룩한 세례의식

6. 제단의 성례 또는 성찬예식

6. 결정적 직분수행 또는 속죄(사죄)의식.(1529

　년 초판에는 들어 있지 않았으나 나중에 추가됨)

그리고 《대교리 문답서》는 그 형식과 틀이 《소교리 문답서》와 별 차이가 없으며, 다만 그 내용에 풍부한 설명이 곁들여져 있다.

1. 짧은 서문(1528년)

2. 긴 서문(1540년)

3. 십계명

4. 믿음의 중심(사도신조)

5. 주기도문

6. 세례

7. 성찬예식

8. 속죄(사죄)의식

도표로 만든 루터의 교리문답(5개의 기둥: 십계명, 신앙고백[사도신조], 주기도문, 세례, 성만찬)

자신이 신학박사이며 설교자이지만 루터는

교리문답을 배우는 데에는 어린아이같이 처신한다고 말했다. 곧 그 자신이 아침과 하루 어느 때이든지 시간이 날 때마다 십계명, 주기도, 사도신조, 시편 등을 읽고 암송한다는 것이다. 이런 영적 순례가 루터를 루터답게 만들었으며 자신의 안팎에서 생겨나는 여러 가지 시험과 시련에 신앙적으로 대처하는 원동력이 되었다.

이렇게 그는 신앙의 가장 중심적인 기본으로 돌아가고자 했다. 그리고 그것을 날마다 되새기는 영적 여행을 되풀이함으로써 복음의 기본과 기초에서 벗어나지 않는 하나님의 사람이 되고자 했다.

오늘날 루터 교회는 루터의 5가지 기둥에 기초한 영적 여행을 '개신교 영성의 기둥 7가지'(Sieben Säulen evangelischer Spiritualität)라는 틀로 확장시켜 아래의 내용을 묵상하며 영적 생활의 기초로 삼고 있다(G. Gremels, Meine Zeit in deinen Händen. Sieben Säulen evangelischer Spiritualität, Göttingen, V&R, 2003).

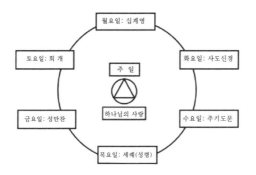

① 주 일: 생명의 원천인 하나님의 사랑(인생의 중심에 영혼의 중심을 세움)

② 월요일: 제한된 인생을 보여주는 십계명(생활의 경계를 정하며, 그 안에서 자유를 누림)

③ 화요일: 인생을 세워주는 사도신조(신앙을 인생의 닻으로 설정하여 존재를 향한 용기
   를 지님)

④ 수요일: 주기도문(하나님과 대화를 나누며, 하나님 목적에 잇대어 생활하기)

⑤ 목요일: 변화된 인생의 첫걸음인 세례(성령님 안에서 인생의 샘터를 찾아냄으로, 어떤

경우에도 믿음으로 자기 자신에게 '아멘' 하기).

⑥ 금요일: 성만찬(우리를 위해 자기 생명을 내어주신 주님과 영적 친교의 비밀을 알아가기).

⑦ 토요일: 인생을 변화시키는 회개(생명을 선택하는 길로 새롭게 나서기)

한편 마틴 루터는 노래 부르기를
좋아하는 사람이요, 노래를 만드는
사람이었다. 그가 지은 찬송가 36곡
이 아직 전해지고 있다. 아마 그는
45곡을 만들었을 것이다. 그 가운데
최소한 20개는 그가 직접 작곡한 것
이다.

루터의 영적 여행에 동행한 사람들

그가 만든 찬송가를 유형별로 분
류하면 다음과 같다.

코타 부인 앞에서 찬양 부르는 소년 루터(아니젠나흐)

1) 찬양드리는 내용: Nun komm, der
   Heiden Heiland (EG 4), Christum
   wir sollen loben schon, Komm,
   Gott Schöpfer, Heiliger Geist
   (EG 126)[85]

2) 조용하게 묵상하는 찬송: Gelobet seist du, Jesu Christ (EG 23), Nun bitten
   wir den Heiligen Geist (EG 124), Christ ist erstanden (EG 99).

3) 교리적인 내용: Dies sind die heilgen Zehn Gebot (EG 231), Mensch, willst
   du leben seliglich, Wir glauben all an einen Gott (EG 183), Vater unser im
   Himmelreich (EG 344).

4) 예배의식 찬송: ein deutsches Sanctus, ein Kyrie (EG 192), ein Agnus Dei (EG 190,2), das Te Deum Herr Gott, dich loben wir (EG 191), Mit Fried und Freud ich fahr dahin (EG 519)

5) 시편 찬송: Aus tiefer Not schrei ich zu dir (EG 299), Wär Gott nicht mit uns diese Zeit, Ach Gott, vom Himmel sieh darein (EG 273), Es woll uns Gott genädig sein (EG 280), Lieder zu den Psalmen 14, 128.

   시편 찬송의 원조는 루터이다. 그는 시편의 찬양과 기도를 자기 시대 사람들이 따라할 수 있게 노래로 만들었다. 이에 영감을 받은 잔 깔뱅은 나중에 제네바에서 시편 전체에 곡을 붙여 예배 찬송가로 사용하였다.

6) 창조(주) 찬양: Ein neues Lied wir heben an (über die ersten Märtyrer der Reformation Hendrik Vos und Johannes van Esschen) und Ein feste Burg ist unser Gott (EG 362, angelehnt an Ps 46).

찬송가: 내 주는 강한 성이요

흔히 루터의 장미라 부르는 루터의 십자가에 대해 그는 1530년 7월 8일에 쉬펭글러(Lazarus Spengler)에게 쓴 편지에서 다음과 같이 밝혔다.

하나님의 은혜와 평화를 기원합니다. 내게 보낸 글에서 당신은 내가 그린 문장(紋章)에 관해 알기 원한다고 했습니다. 이에 나는 가장 친절하게 답변드립니다. 이것에 담긴 나의 본디 생각과 이것이 무슨 이유로 내 신학을 상징하는지를 말씀드리겠습니다.

첫째로 십자가입니다. 그것은 검은색인데 가장 자연스럽게 채색되어야 합니다. 그것은 심장 한 가운데 있습니다. 십자가에 달려 죽으신 분을 기억함으로써 우리가 구원받은 것을 깨닫기 위함입니다. 왜냐하면 사람이 그렇게 믿음으로써 의롭게 되기 때문입니다(롬 10:10 사람이 마음으로 믿어 의에 이르고 입으로 시인하여 구원에 이르느니라). 그것이 완전히 검은 십자가인 것은 부패한 것을 나타냅니다. 또한 고통을 상징합니다. 이는 누구에게나 있는 파괴적인 부분을 가리키기도 합니다. 그렇지만 본래대로 붉은색을 유지하는 심장 안에 그것이 있습니다. 이는 그 본성이 타락하지 않았으며 죽지 않고 살아있다는 뜻입니다(롬 1:17 복음에는 하나님의 의가 나타나서 믿음으로 믿음에 이르게 하나니 기록된 바 오직 의인은 믿음으로 말미암아 살리라 함과 같으니라).

(둘째로) 그 심장은 하얀 장미에 둘러싸인 채 정 중앙에 있습니다. 이는 믿음에서 기쁨과 위로와 평화가 온다는 뜻입니다. 그것은 믿는 이에게 순수하고 장미같은 기쁨이 자리잡게 합니다. 이 세상이 주는 것과는 다른 평화가 임하게 합니다(요 14:27). 그러므로 장미는 붉은 색이 아니라 하얀색이라야 합니다. 흰색은 성령님의 색깔이요 천사의 색깔입니다(마 28:3; 요 20:12 참조). 그 장미는 푸른색(하늘)의 영역 안에 있습니다. 그런 기쁨과 믿음은 영적인 것이며, 장차 누리게 될 하늘의 기쁨이 시작되었다는 것을 의미합니다. 그것들은 이미 시작되었으며, 소망(초록색) 가운데 손으로 잡을 수 있을 만큼 가까이 있습니다. 동시에 아직 온전하게 완성되지는 않았습니다.

(셋째로) 그 장미 십자가는 황금색 띠로 둘러싸여 있습니다. 우리에게는 하늘에서 위와 같은 축복이 보장되었습니다. 마치 금이 가장 가치 있고 좋은 것을 상징하듯이 그것은 영원한 것이며 이 세상의 그 어떤 기쁨과도 비교할 수 없으리만큼 값지고 선한 것입니다. 이 장미 십자가에는 나의 신학이 집약되어 있습니다(compendium theologiae). ⋯ (WA, Luthers Briefwechsel, 5. Band, S. 444f [Nr. 1628])

루터의 장미

루터의 장미는 검은색, 붉은색, 푸른색, 초록색 그리고 황금색 등 다섯 가지 색깔로 되어 있다. 여기서 검은색은 죽음이 아니라 거듭남과 생명과 생명력을 가리킨다('내가 가는 길을 그가 아시나니 그가 나를 단련하신 후에는 내가 순금같이 되어나오리라.' 욥 23:10 참조).

심장의 붉은색은 예수님의 십자가 보혈을 상징한다. 그것은 타락과 죄와 허물로 얼룩진 인간을 깨끗하게 씻어 하나님의 자녀로 불러주시는 하나님 사랑을 나타낸다.

흰색은 성령과 천사를 가리킨다. 이에 루터는 진정한 기쁨, 평안, 위로가 성령님으로부터 오는 것을 나타내려고 붉은 장미가 아니라 흰 장미를 선택했다.

이 백장미는 하늘색과 초록색을 바탕으로 하고 있다. 이는 성령과 믿음 안에서 우리 영혼과 육체가 이 세상에서도 기쁨과 평화를 얻을 뿐만 아니라 장차 하나님 나라에 들어가서 누릴 기쁨과 영원한 생명을 가리킨다.

황금색 테두리는 앞서 말한 네 가지 색깔의 의미를 다 포괄하며 둘러싸고 있다. 금은 그 어떤 것보다도 귀하고 비싼 보물이다. 우리가 천국에서 누리게 될 영원한 생명과 안식과 기쁨은 그 어떤 보물(재산)보다도 귀하고 소중하다는 것이다. 시작도 끝도 없는 황금색 둥근 원은 천국에서 누릴 우리 삶이 영원하다는 뜻이다.

루터는 자신의 신앙과 신학을 이와같이 집약하여 영적인 여행길에 선 우리 인생의 길잡이로 삼고자 했다.

20

불행한 선택인가,
하나님의 선물인가?

루터의 결혼

아이젠나흐에서 비텐베르크로 돌 아온 루터는 교회당과 교회 제도를 급진적으로 개혁하려는 세력들과 선 을 분명하게 그었다. 특히 그는 개혁 이라는 이름 아래 강압이나 폭력이 동원되는 것을 강하게 거부했다. 그 는 개혁의 속도는 아직 개신교로 돌 아서지 않은 사람들 곧 아직 믿음이 약한 형제-자매들의 정서에 맞추어 져야 한다고 믿었다. 이런 개혁노선  과 속도는 루터로 하여금 한편으로는 천주교도와 다른 한편으로는 그가 '광 신자들'(Schwärmer)이라 부르는 철저한 종교 개혁가들과 대항하는 이중적인 투쟁을 벌이게 만들었다. 천주교회는 루터를 이단자로 보았고 철저한 종교

카타리나 폰 보라(1499-1552)

개혁 운동가들은 너무 느리고 타협적으로 개혁을 진행시키는 개량주의자로 보았던 것이다.

이런 의견 차이와 소용돌이 속에서 루터가 계획하였던 개혁운동은 그 속도가 조절되었다. 그는 개혁된 예배 예식을 1523년부터 진작 도입하기는 했으나(예식서 Formula Missae) 1526년이 되어서야 비로소 독일 말로 된 예식서(독일어 예식서 Deutsche Messe)를 정식으로 내놓았다. 특히 1525년에는 루터와 그 주변에 굵직한 일들이 일어났다. ① 독일 농민전쟁 ② 인문주의자 에라스무스와 논쟁 끝에 결별함 ③ 프리드리히 현제가 루터에게 방이 40개 딸린 아우구스투스 수도원 건물을 선물로 줌 ④ 결혼.

농민전쟁이 한창이던 1525년 6월 13일 루터는 수녀였던 카타리나 폰 보라(Katharina von Bora)와 결혼을 했다. 그로부터 약 두 주 후에 열린 결혼축하 잔치에 루터의 부모님을 비롯하여 원근 각처에서 축하객이 몰려들었다(비텐베르크 시에서는 오늘날까지도 이 날에 맞추어 해마다 루터의 결혼식을 재연하는 축제를 열고 있다).

멜랑히톤은 아직 루터의 결혼에 수긍할 준비가 되어 있지 않았다. 그는 '이 불행한 행동으로(durch diese unglückselige Tat) 아직 그의 능력을 필요로 하는 독일과 그의 명예는 크게 손상될 것'이라고 말하며 축하 잔치에도 참석하지 않았

루터, 두 얼굴의 사나이(?)

다(그는 이렇게 썼다. '친구들이 그렇게 말렸는데도 루터는 전혀 뜻하지 않게 보라와 결혼했다').

멜랑히톤만이 아니었다. 루터와 가까이 지내는 친구들은 대부분 종교개혁 운동에 방해가 된다며 이 결혼을 반대했다. 특히 루터의 종교개혁의 의미를 깎아내리려는 사람들은 천주교 교회의 사제이며 수도사였던 루터가 수녀 출신인 여성과 결혼한 것을 곱지 않게 보았다. 특히 천주교회는 이 문제를 붙들고 집요하게 루터를 공격했다.

그 시기로만 보면 루터의 결혼은 불행한 선택이었을지 몰라도 그 결혼 자체는 결코 불행한 일이 아니었다. 오히려 마틴 루터에게는 행운이었으며 종교개혁운동을 보다 강력하고 안정적으로 밀고 나갈 원군을 얻은 셈이었다. 사실 루터의 결혼은 다른 사람들에 비해 늦은 편이었다. 그는 일찍부터 사제들이나 수녀들의 독신주의에 찬성하지 않았다. 성경에 그럴 만한 근거가 없다는 것이 그 이유였다. 루터는 줄곧 그들의 결혼이 허용되어야 한다고 주장해왔다.

카타리나 폰 보라는 본디 몰락한 귀족 가문에 태어났다(1499년). 10살 때 어머니가 돌아가시고 아버지가 재혼을 하면서 수녀원에 맡겨졌다(1508년 das

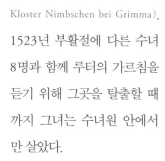

Kloster Nimbschen bei Grimma).
1523년 부활절에 다른 수녀
8명과 함께 루터의 가르침을
듣기 위해 그곳을 탈출할 때
까지 그녀는 수녀원 안에서
만 살았다.

루터는 수녀원에서 도망나
온 이들을 위해 함께 살아갈
가족을 찾아주거나 결혼 상
대를 찾아주기도 했다. 루터
는 카타리나를 위해 중매를
여러 번 섰다.(예를 들면 뉘른베르
크 출신의 히에로니무스 바움게르트

너, 오를란뮌데 출신의 글라츠 목사 등) 그 때마다 카
타리나는 루터와 결혼하겠다고 밝히며 이를
거절했다.

이때까지 루터는 카타리나 보다는 같은 수
녀원 출신의 아베(Ave von Schönfeld)를 더 좋아
하였던 것 같다. 결국 루터는 마지막까지 결
혼을 하지 못하고 남아 있는 그녀와 비텐베
르크 시민들의 축하를 받으며 결혼을 했다. 이때 루터의 나이는 42살 신부는
26살이었다(나이 차이가 16년이나 되는 것이 루터가 그녀와의 결혼을 미루고 미룬 이유인지도
모른다). 훗날 루터는 자신의 결혼에 관해 이렇게 말했다. '내가 다른 일에 몰
두하고 있을 때, 주님은 갑자기 나를 결혼으로 몰아넣으셨다.'
결혼 초기에 루터의 글에는 카타리나가 '나의 아내'라는 뜻을 지닌 라틴어

루터의 집에 있는 강의실(비텐베르크)

'도미나'(Domina)라고 쓰여 있다. 시간이 흐르면서 '나의 주인'이라는 뜻의 '도미누스'(Dominus)로 그 호칭이 바뀌었다. 이는 우리로 하여금 루터가 그녀를 무서워하였거나, 활동 속에서 그녀의 의견에 따를 수밖에 없을 만큼 그 입장이

오늘날에도 해마다 되풀이 재연되는 루터의 결혼잔치

바르고 정확했다고 추측하게 만든다. 이밖에 루터는 그 이름 카타리나를 줄여 '캐티'라고도 불렀다. 이 애칭이 점차 '케테'(Käthe)로 변했다. 이 말은 본디 사슬(Kette)이라는 말과 발음이 비슷하다. 이런 말 속에는 루터의 결혼생활이 반

루터의 집(비텐베르크)

영되어 있다. 곧 카타리나가 외유내강한 여성으로 루터를 이끌었다는 뜻이다.

1526년 7월 7일에 첫 아들 요하네스(줄여서 한스라고 부름)가 태어났다. 루터는 가정 살림에는 전혀 무관심하였기에 살림을 꾸려가는 일은 전적으로 카타리나의 몫이었다. 결혼 후 10여 년 동안 루터 부부는 경제적으로 무척 쪼들렸다고 한다. 우선 루터의 집안은 정말 대식구였다. 자녀 6명에다가 카타리나 측과 루터 쪽의 조카들 다수 그리고 병으로 죽은 친구의 자녀들까지 돌보았다.

루터의 명성은 높았지만 당시 대학교수의 봉급은 이 모든 것을 감당하며 생계를 꾸려나가기가 턱없이 부족했다. 루터를 찾아오는 방문객들도 끊이지 않았다. 당시에는 여행이 쉽지 않았기에 한번 찾아온 손님들은 금방 떠날 생각을 하지 않았다. 여유 없는 빠듯한 살림에 식솔은 많은데 그 모든 뒤치다꺼리는 오롯이 카타리나 몫이었다. 그래도 그녀는 싫은 내색을 전혀 하지 않았다. 오히려 틈틈이 닭과 돼지를 치고 채소도 심어 가꾸며 하숙도 쳐가며 살림에 보태곤 했다.

루터의 식탁은 언제나 붐볐다. 학생 방문객 동료교수들로 손님 없는 날이 없었기에 그 식탁에서는 항상 활발한 대화가 이루어졌다. 이 식탁에서 오가는 대화를 기록한 것이 있는데 그것이 그 유명한 루터의 '식탁대화(탁상대담)'

루터 장례식장에서의 카타리나 보라

토르가오에 있는 카타리나 폰 보라의 무덤 비문

(Tischreden)이다. 이에 따르면 카타리나는 단순히 식사 시중만 드는 주부가 아니었다. 그는 신학적인 대화에도 적극 참여했다. 성경을 많이 읽어서 루터로부터 '당신은 로마 교황청의 누구보다도 성경을 많이 알고 있구려'라는 칭찬을 들을 정도였다. 아마 그녀가 없었더라면 루터의 기념비적인 저작 가운데 몇몇은 세상에 나오지 않았을 것이다.

루터와 카타리나는 3남 3녀를 두었다. 그 가운데 첫째 딸을 난 지 8개월 만에, 둘째 딸을 13세에 잃었다. 나중에 보라는 비텐베르크 지역에서 창궐하는 페스트를 피해 토르가오 지방으로 갔다가 거기서 죽었다(1552년 12월 20일).

자기 식솔들에 관해 루터는 이렇게 말했다.

하나님은 지난 1,000년 동안 어느 주교에게도 허락지 않으셨던 크나큰 복을 내게 주셨습니다. 하나님께서 주신 내 자녀들은 독일과 보헤미아 전체를 합친 것보다도 내게는 소중하고 귀합니다.

그리고 아내 폰보라에 대해 이렇게 말했다.

만일 내가 아내를 잃는다면, 비록 여왕이 내게 청혼하더라도, 나는 결단코 다른 여자와 다시 결혼하지 않으리라.

루터의 결혼은 그가 행한 종교개혁운동의 일환이었다. 그리고 종교개혁운동의 마지막 행동이었다. 결혼 이후 루터의 종교개혁운동은 조직과 체계 그리고 이론을 갖추는 것이었지 행동을 보여주는 것이 아니었다는 점에서 그렇다.

21

루터와 칼 5세

종교개혁운동가 마틴 루터 (1483-1546)는 당시 신성로마 제국 황제 칼 5세(Karl V; 1500-1558)를 직·간접적으로 만나 영향을 주고받았다. 변혁의 물결이 소용돌이치던 시기였던 만큼 이 두 사람의 관계도 아주 특별하게 전개되었다.

칼 5세가 다스린 나라 스페인과 신성로마제국은 서쪽으로는 스페인, 동쪽으로는 오스트리아, 남쪽으로는 이탈리아의 나폴리 왕국, 북쪽으로는

1520년 독일 아켄에서 황제로 즉위하는 칼 5세

네덜란드에 걸쳐 있었으며, 스페인령 아메리카 대륙 등 해외까지 이르렀다. 그는 16세 때 스페인의 왕이 되었고, 19세에 신성로마제국 황제로 선출되어

1520년 대관식을 거행했다. 그는 본래 브루군드 지방 출신으로 프랑스 말을 하였으며 독일 말을 전혀 알아듣지 못했다(그가 한 말로 선해지는 것 가운데 이런 것이 있다. '스페인 말을 나는 하나님과 대화할 때, 이태리 말을 여인들과 말할 때, 프랑스 말을 남성들과 이야기할 때, 그리고 독일 말을 말에게 말을 걸 때 사용한다.'). 그가 황제가 되었을 때 독일 은 마틴 루터의 종교개혁운동으로 역사의 변혁이 크게 물결칠 때였다.

칼 5세는 1556년 황제의 자리에서 물러나 수도원으로 들어갔다. 거기서 그는 수도사로 남은 생애를 보냈다(1558년 죽음). 황제직을 양위하는 칙서에서 그는 자신이 재위하는 동안에 일어났던 세계사에 남을 소용돌이 속에 자신 이 겪은 고충을 토로하며 '내가 알게 모르게 지은 모든 죄를 여러분들이 용 서해 주시기를 바라며, 하나님께서 사해주시기를 기도드린다'고 했다.

대관식 후 1521년 1월 27일 황제 칼 5세는 자신의 재위 중 첫 번째 제국의 회를 보름스에서 열었다. 원래 이것은 당시 궁전이 있던 뉘른베르크에서 열 릴 예정이었으나, 그곳에 전염병이 도는 바람에 황제의 별장이 있는 보름스 에서 개최되었던 것이다. 사실 보름스는 15세기 초부터 황제에게 속한 도시 이자 부유한 도시였으며 칼 대제 (Karl der Grosse 746-814) 시절과 그 이후에 이 미 제국의회와 그와 유사한 모임들이 자주 열리는 곳이었다.

① 보름스 제국의회

로마-천주교 교황 레오 10세는 본디 루터를 로마로 소환하고 그의 글들을 불사르게 하려 했다. 이를 위해 카라치올로(Marino Caracciolo 1468-1538)와 알레 안드로(Girolamo Aleandro 1480-1542) 등 두 명의 특사(Nuntius)를 프리드리히 현제 에게 보냈다. 이 두 사람은 살아있는 내내 루터와 종교개혁운동을 집요하게 방해했다.

보름스 대성당

교황의 뜻을 전달하는 그들의 요구를 그는 단호하게 거절했다. 교황청은 하는 수 없이 신성로마제국 황제 칼 5세에게 루터를 심판해달라고 부탁했다. 황제도 이런 일에 끼어드는 것이 부담스러웠다. 그에게는 독일 영주들에게 영향력을 행사할 만한 힘이 별로 없었다. 그렇다고 교황의 요청을 거절할 힘도 없었다. 그는 마지못해 신변안전을 보장한다는 내용을 담은 소환장을 루터에게 보냈다.

황제는 루터에게 제국의회에 나와 그의 이름으로 나온 책들이 루터 자신이 쓴 것인지 여부와 루터의 저작이 맞는다면 그 내용을 철회할 의사가 있는지를 밝히라고 했다. 그에 대한 토론이나 대화는 허용하지 않겠다고 했다. 이에 루터는 1521년 3월 자신의 친구 쉬팔라틴에게 보낸 편지에서 '단지 내 주장을 철회하기 위한 것이라면 나는 보름스에 가지 않겠다고 황제에게 대답할 것입니다'라고 했다. 3월 26일 황제의 소환장이 비텐베르크에 도착했다. 어떤 이유에서인지 루터는 4월 2일 황제가 보낸 카스파르 쉬트롬의 마차에 올랐다. 성 아우구스티누스 수도원 규칙에는 수도사가 혼자 여행하는 것이 금지 되어 있었다. 이에 그는 다른 수도사 한 명과 함께 네 명이 길을 떠났다. 그리고 4월 16일 보름스에 도착했다. 이 때 모습을 교황 측에서 보낸 역사가 히에로니무스 (Nuntius Hieronymus)는 이렇게 썼다.

나는 이단의 영수가 보름스로 들어올 때에 백성이 몰려들고 있다는 소식을 여러 경로를 통해 들었다. 내가 따로 보낸 사람들에 따르면 100여 명의 기사들이 그를 호위하여 도성 출입문까지 인도하였으며, 동료 3명과 함께 말을 타고 오전 11시에 시내로 들어왔다. 기마병 8명이 그를 둘러쌌으며, 작센의 영주가 머무는 곳 근처에 숙소를 정했다(Johanniterritter). 타고 온 마차가 떠나자 사제 한 명과 세 번 포옹을 하는 데 그는 마치 성인의 거룩한 손을 이끌듯이 루터를 영접했다. 그 손은 금방이라도 기적을 일으킬 사람의 손처럼 보였다.

그리고 황제와 제국의회 앞에 두 번 섰던 루터는 자신의 가르침과 과오를 인정하라는 요청을 받아들이는 대신 이렇게 말했다.

… 만일 내가 성경의 증언이나 계시받은 이성에 근거하여 내 과오가 증명되지 않는 한 나는 교황이나 공의회의 권위를 인정하지 않겠습니다. … 사실 이들은 종종 오류를 범하였으며 서로 엇갈린 주장을 펴왔습니다. 내 양심은 하나님의 말씀에 사로잡혀 있습니다. … 나는 아무것도 철회할 수 없고 또 그럴 생각도 없습니다.…

루터의 이 말이 끝난 후 몇 마디 대화가 더 오고 간 후에 심문이 끝났다. 그러자 루터를 편드는 사람들과 반대하는 사람들 사이에 아우성으로 제국의회는 소란해졌으며, 회의장을 빠져나온 루터는 "이제 다 끝났다(ich bin hin durch)"라고 말했다고 한다.

1521년 4월 26일 루터는 보름스를 떠났다. 이날 칼 5세는 루터를 파문시킨다는 내용을 담은 보름스 칙령을 발표했다. 그 내용은 다음과 같다.

누구든지 마틴 루터를 자기 집에 들이지도 말고, 정원에 받아들이지도 말고, 그에게 먹을 것과 마실 것을 주지 말 것이며, 그를 숨기지 말고, 은밀하게 공공연하게 말로나 행위로써 그에게 도움을 베풀거나 추종하거나 지지하거나 혹은 원조하지 말 것이다. 그를 잡을 수 있는 곳에서는 그를 붙잡아 제어하고 생포하여 단단히 결박한 다음 우리에게 압송해야 한다.

② 쉬파이어 제국의회

1526년 칼 5세는 쉬파이어(Speyer)에서 제국의회를 소집했다. 그 당시 대외적인 모든 상황은 그에게 불리하게 돌아가고 있었다. 오스만 제국의 위협에 그는 잠을 설쳤으며, 교황의 지원을 등에 업은 프랑스의 압박에 그는 불안감을 느끼고 있었다. 그에게는 독일 내 루터를 지지하는 제후들의 협력과 지지가 절대적으로 필요했다. 이에 그는 그들의 요구를 수용할 수밖에 없었다.

제국의회는 루터를 범죄자로 정죄했던 1521년의 '보름스 칙령'을 자기 영지 안에서 적용시켜 시행하느냐 하지 않느냐 여부는 제후들의 재량에 맡기기로 한 것이다. 이는 루터의 종교개혁에 관한 입장을 각 제후의 재량과 판단에 맡긴다는 것이었다. 이에 종교개혁운동을 지지하는 제후들은 황제의 결정을 자기들의 영지에서 '루터파 교회'를 세울 수 있다는 것으로 확대 해석했다. 그들은 마침내 승리했다고 생각하며 기쁨의 함성을 올렸다.

물론 루터를 지지하는 제후들이 승리감에 도취되기에는 아직 일렀다. 그로부터 3년이 지난 후 1529년 쉬파이어에서 다시 제국의회가 열렸다. 그때에는 대외적 상황이 많이 호전되었고, 황제 자신도 어려운 상황을 벗어났다고 판단했다. 황제는 3년 전의 결정을 번복하여 보름스 칙령을 부활시키고 친 천주교회 정책으로 방향을 선회했다.

이에 루터 지지파 제후들은 일치단결하여 황제에게 거세게 항의했다. 이

쉬파이어의 개신교(Protestant) 기념교회당

때부터 루터 지지파들은 '항의하는 자'들이라는 별명이 붙었고, 그런 뜻으로 '프로테스탄트(Protestant)'로 불리게 되었다. 1530년 아우그스부르크 제국의 회(6월 20일-11월 19일)에서 칼 5세는 개신교 신앙고백(Confessio Augustana)을 거부했다. 이들은 단순히 항의하는 것만으로 문제가 해결될 수 없다고 생각하고는 헤센의 영주 필립(Philipp des Großmütigen von Hessen)의 주도 아래 1531년 독일 중부지역의 도시 슈말칼덴에 모여 동맹을 결성했다(Schmalkaldischer Bund).

결국 황제의 친 천주교회 정책은 종교개혁운동 지지세력을 더욱 굳게 결속시켰다.

③ 아우그스부르크 종교평화회의

종교개혁운동 지지세력들이 모인 '슈말칼덴 동맹'은 신성로마제국 안에서 황제에 대항하는 가장 강력한 세력이었다. 개신교 신앙고백을 따르는 영주들로 이루어진 이 동맹과 황제의 관계는 끊임없는 갈등과 대결로 점철되어 있다.

영주 모리츠 폰 작센은 이 동맹의 중심에 서서 아우그스부르크를 점령한 데 이어, 인스부르크에서 칼 5세의 군대를 격파했다. 이로써 칼 5세는 서둘러 이들과 파싸우(Passau)조약을 체결했다. 그 내용은 다음 아우그스부르크 제국의회 때까지 개신교회 측에 관용을 베풀겠다는 약속이었다(1553년).

이렇게 열린 것이 바로 1555년 아우그스부르크(Augsburg)에서 열린 아우그스부르크 종교평화회의(Augsburger Religionsfriede)이다. 이로써 황제와 루터 지지파 사이에 대화합이 이루어졌다. 물론 이 일을 주관한 이는 칼 5세가 아니라 그의 동생 페르디난드 1세이다. 이 회의에서 이루어진 합의의 핵심은 '제후의 영지 내에서는 제후의 종교를 따른다(cuius regio, eius religio)'는 것이다. 이는 루터를 지지하는 제후들이 아무런 간섭없이

아우그스부르크 종교평화회의(1555)

아우그스부르크의 울리히 교회(개신교)와 성 아프라 & 울리히 교회(천주교회)의 탑들

자기 영지 안에 자유롭게 루터파 교회를 세울 수 있게 되었음을 의미한다. 실로 1517년 비텐베르크 대학의 교수 마틴 루터가 궁성교회 문에 95개 조항

을 계시한 이후 38년 만에 이루어진 개신교 측의 승리인 것이다.

물론 여러 가지 주변 상황이 새롭게 전개됨에 따라 이 평화회의에서 합의한 사항이 그리 오래 가지는 못하였다. 그렇더라도 개신교회를 범죄자 취급하는 세상의 시각이 개선되는 한편 개신교회가 군건히 자리를 잡는 제도적인 기틀이 마련되었다.

아우그스부르크 구시가지 남쪽 끝의 울리히(Ulrich) 광장에 교회 두 개가 나란히 지어졌다. 그것들은 1555년 아우그스부르크 종교평화회의가 끝난 다음 양측이 화해하는 표시로 지은 것이다. 화려하고 장엄하며 높은 탑이 있는 교회당은 천주교회 측에서, 작고 아담한 양파모양의 탑을 지닌 교회당은 개신교회 측에서 세운 것이다. 르네상스 시대와 바로크 시대에 만들어진 장식이 달린 후기 고딕 양식의 바실리카인 이곳은 정교하게 만들어진 창살과 더불어 수많은 예술품, 주교 아프라, 울리히, 짐페르트의 묘비가 있어, 그 경건함을 더하여 준다.

④ 루터의 무덤 앞

루터와 칼 5세는 루터가 죽은 후에 다시 한 번 만났다. 이 번 만남은 비텐베르크에 있는 성문 교회당 안에서 이루어졌다. 루터는 이미 죽어 교회 안에 묻혔고 칼 5세는 쉬말칼덴 전쟁(der Schmalkadische Krieg 1546-47)에서 개신교도에게 승리한 개선장군의 모습으로 이 교회당에 들어섰다. 그때 황제의 부하들이 루터의 무덤 뚜껑을 열고, '이단자요, 황제를 괴롭혔던 이 마틴 루터의 뼈를 어떻게 하겠느냐'고 황제에게 물었다. 그는 이렇게 대답했다고 전해진다.

무덤 뚜껑을 덮어라. 그를 심판하
신 분은 따로 있다. 나는 살아있는
사람과는 전쟁을 해도 죽은 사람
과는 하지 않는다.

　이것을 루터의 동지이자 후계자
였던 요하네스 부겐하겐 목사가 전
하고 있다. 다른 문헌을 통하여 역사적인 입증이 되지 않기에 전설처럼 남아
있는 이야기이다. 그렇더라도 루터의 무덤이 원형 그대로 보존되었다는 사
실을 감안할 때 이것은 근거 없는 이야기가 아니다.

　칼 5세는 점점 커지는 프로테스탄트 세력과, 점점 강해지는 투르크 및 프
랑스의 압력, 개신교 세력을 잠재우지 못하는 데 대한 교황의 적개심에 맞서
서 신성로마제국을 지키고 단결시키는데 온 힘을 기울였다. 그러다가 마침
내 한계를 느끼고 네덜란드와 스페인을 아들 펠리페 2세에게 물려주었으며
황제 칭호는 동생 페르디난트 1세에게 물려준 뒤 은퇴했다(1555년 8월 23일).
그리고 수도원으로 가 수도사로 자기 일생을 마쳤다(San Jeronimo de Yuste).

22

루터의 마지막 설교와 죽음

루터가 태어난 아이스레벤은 그가 하나님의 부름을 받고 생애를 마친 곳이기도 하다. 비텐베르크에서 활동하던 그는 1546년 초 거만한 젊은 제후 두 사람(알프레히트 백작과 겝하르트 폰 만스펠트)과 그들의 다른 세 형제 등 다섯 사이에 생긴 재산싸움을 중재하려고 이곳으로 왔다. 돈에 얽힌 문제가 다 그러하듯이 이것을 중재하기에 루터는 날마다 지칠 정도였다.

루터가 마지막으로 설교한 고향교회 설교단

그는 1546년 고향에 있는 성 안드레아스 교회 (St. Andreas & Petri Kirche)에서 네 번 설교를 하였다. 이것이 그가 행한 마지막 네 번의 설교가 되었다. 1546년 2월 14일 마틴 루터는 마태복음 11장 28절을 본문으로 이 자리에서 설교를 하였다.

> 주님만이 홀로 우리 주님이시며, 선생님이십니다. 저는 주님의 제자입니다. 이 밖에도 복음에 관해서 할 이야기가 많이 있습니다. 그러나 나는 지금 아주 연약합니다. 우리는 이 자리에 그대로 머물러 있고자 합니다.

이 말을 끝으로 루터는 설교를 마쳤다. 체력이 허락하지 않아 도중에 마친 것이다. 이것이 그의 마지막 설교였다.

이 교회에는 설교단이 두 개 있다. 그 중 하나가 마틴 루터가 말씀을 전한 설교단이다. 오백 년도 넘은 그것은 일 년에 단 네 번만 사용한다. 루터의 생일(11월 10일), 루터가 죽은 날(2월 18일), 종교개혁기념일(10월 28일), 그리고 아우그스부르크 종교평화회의 기념일(6월 25일).

루터는 만스펠트 영주의 형제들 사이에서 생긴 재산다툼을 힘겹게 해결했다. 이곳에 머무는 동안에 그는 아내 카타리나 보라에게 틈틈이 편지를 보냈다. 그리고 자신의 죽음을 예견한 듯 자신의 재산 일체를 아내에게 양도하는 유서도 남겼다. 다음은 그가 죽기 8일 전에 아내에게 쓴 편지이다.

> 거룩하고 배려심 많은 카타리나, 비텐베르크에 사는 마음 넓은 나의 부인에게 그리스도 안에서 은혜와 평화가 가득하시기를, 지극히 거룩한 박사님! 당신은 잠도 제대로 자지 못할 정도로 우리에게 신경을 많이 써주십니다. 우리 모두가 크게 감사드립니다.

> 당신이 우리를 위해 걱정을 그렇게나 많이 하기 때문에 우리 집 문턱은 마치 불에 탄 듯 새까맣고 딱딱합니다. 어제였습니다. 우리 머리 위에 돌이 떨어진 것

같았는데 이는 진실로 당신이 근심하는 덕분이었습니다. 마치 덫에 걸린 쥐처럼 우리 몸이 부수어진 듯했습니다. 이 모두가 당신께서 우리를 아주 많이 걱정해주신 덕분입니다. 이틀 동안 우리 머리 위로 석회와 진흙덩이가 이슬비처럼 보슬보슬 떨어졌습니다. 어떤 분이 나타나 아주 간단하게 그 돌을 처리해 주실 때까지 그랬습니다. 그렇게나 크던 돌덩이가 한 웅큼 모래알처럼 작아진 채 바닥으로 떨어졌습니다. 만일 주님이 보내시는 사랑스럽고 거룩한 천사가 우리를 보호하지 않는다면, 아마 우리는 당신의 그 거룩한 근심에 감사해 마지않을 것입니다.

나는 당신이 근심하기를 멈추지 않을까봐 근심합니다. 그 근심으로 인하여 세상이 우리를 삼켜버릴 것이고 우리 곁의 모든 것이 대적자로 될 것입니다. 당신은 '하나님께 너희 근심을 맡기며 기도드리라'는 신앙고백과 신앙을 가르치고 있습니까? 당신의 짐을 주님께 내어 맡기십시오. 그분이 당신을 위해 걱정해주실 것입니다. 하나님을 찬양하는 우리는 우리 자신의 기쁨을 일에 빼앗기는 대신에 상쾌하고 건강할 것입니다. 하나님께서 그렇게 인도하십니다. 하나님께서 원하신다면 우리는 즐거이 구원받은 자리로 그리고 본향으로 향할 것입니다. 아멘 아멘 아멘. 당신의 거룩하고 자원하는 종. 마틴 루터.

1546년 2월 18일 오전 3시경 하나님께 부름을 받았다. 그의 나이 63세였다. 루터가 사망하던 밤 의사와 그의 친구들이 그의 임종을 지켜보았다. 루터는 요한복음 3장 16절을 계속 암송하고 있었다. '하나님이 세상을 이처럼 사랑하사 … 독생자를 주셨으니…' 새벽 세 시가 가까워오자 요나스 박사는 마지막이 이른 것을 알고 그에게 물었다. '선생님은 선생님께서 가르치신 교리와 그리스도 위에 굳건히 서서 돌아가시겠습니까?' 루터의 몸이 움직이면서 큰 소리로 대답하였다. '예.'

다음은 루터가 죽음의 침상에서 드린 기도이다.

죽음 직전 신앙을 고백하는 마틴 루터

오! 나의 하늘 아버지시며 내 주 예수 그리스도이시고 모든 위로의 하나님이시여. 내게 당신의 사랑하는 아들 예수 그리스도를 보여주셔서 감사합니다. 교황과 모든 악한 자들은 그를 욕하고 핍박하고 모독하였으나 나는 그를 믿고, 선포하고, 고백하고, 사랑하고 찬양하였습니다. 내 주 그리스도시여, 내 가난한 영혼을 당신께 의탁하나이다. 오 하늘 아버지여, 비록 나는 이 육신을 떠나고 이 생명으로부터 탈취를 당하나 당신 곁에 영원히 머무를 것임으로 아무도 당신의 손에서 나를 탈취하지 못할 것을 확실히 아나이다.

그가 죽기 이틀 전에 남긴 메모장에는 이런 글이 쓰여 있다.

… 백년 동안 예언자들과 함께 공동체를 이끌지 않고서는 아무도 성경의 저작들을 조금이라도 이해하였다고 생각해서는 아니 된다 … 우리는 모두 구걸하는 자이다. 이는 진실로 참되다.

그의 시신은 할레(Halle)에 있는 Marktkirche에서 발인(천국환송)예배를 드린 후 비텐베르크로 옮겨졌다.

인생 말년에 그는 '내 앞날은 주의 손에 달렸습니다(시편 31:15 표준새번역)'라는 말씀을 이렇게 해석했다.

루터의 시신을 옮긴 상여

병석에서 나는 지금 이 구절에 대해 배우면서 지금까지 알고 있던 내용을 수정하렵니다. 왜냐하면 전에 나는 이 말씀을 죽는 시간을 가리키는 것으로 생각해 왔기 때문입니다. 그러나 이 말씀은 내가 쓰는 시간들, 생애의 모든 나날들, 시간과 순간들이 다 주님의 손에 달려있다는 뜻입니다.

비텐베르크 궁정교회에서 열린 하관예배는 부겐하겐 목사가 집례했다. 그는 루터의 결혼식에 주례를 맡았으며 명실상부한 루터의 평생 동지이자 친구이자 하나님의 종이었다.

비텐베르크 궁정교회 설교단 바로 아래에 있는 루터의 묘에는 라틴 말로 이런 글귀가 새겨져 있다.

여기에 거룩한 신학자 마틴 루터 박사의 몸이 묻혀 있다. 이로써 63년 2개월 10일 동안 이 세상에 살았다. 그는 주후 1546년 2월 18일 자신의 고향 아이스레벤에서 숨을 거두었다.

그 맞은편에는 필립 멜랑히톤의 무덤이 있다. 그는 1560년 4월 19일 63세를 일기로 하나님 부름을 받았다.

다음은 루터가 남긴 글이다.

이 땅에서의 삶이 우리 각 사람에게 주어진 휴가라고 한다면 죽음으로 가는 길

루터의 무덤(비텐베르크 궁정교회)

또한 그분께로 돌아가는 길이요 우리가 이끌림을 받아야 할 길이 되어야 합니다. 이를 위해 우리는 인생의 방향을 하나님께로 향해야 합니다. 여기서부터 아주 좁은 문이 시작됩니다. 우리 각 사람은 그것을 깊이 생각하며 즐거워해야 합니다. 그것은 참 쾌적할 만큼 좁기만 하고 길지 않기 때문입니다. 이것은 마치 어린 생명이 어머니 뱃속(모태)에서 태어나 위험과 불안을 안고 하늘과 땅이 있는 이 세상으로 나가는 것과 같습니다.

또한 사람은 죽음의 좁은 문을 통과하여 인생으로부터 벗어납니다. 우리가 이 세상에 살 때에는 이곳이 아주 크고 넓어 보입니다. 그렇지만 하나님께서 우리에게 예비하신 저 하늘나라에 비하면 우리가 서 있는 이곳은 마치 어머니 모태처럼 그지없이 좁고 또 작습니다. 그러므로 기독교인에게 죽음은 '새로운 탄생'

입니다.

그러나 죽음에 이르는 좁은 길에서 우리는 이 세상은 넓고 저 세상은 좁은 것처럼 느낍니다. 그리스도께서 말씀하셨습니다. '여자가 해산하게 되면 그 때가 이르렀으므로 근심하나 아기를 낳으면 세상에 사람 난 기쁨으로 말미암아 그 고통을 다시 기억하지 아니하느니라(요 16:21)' 이와 똑같은 것을 죽음에 대한 불안감을 향해서도 말할 수 있습니다. 죽음을 통해서 우리는 넓은 세계와 큰 기쁨에 이르게 됩니다

비텐베르크 궁정교회 설교단과 루터의 무덤

(마틴 루터, 죽음을 준비하는 것에 관하여, von der Bereitung zum Streben, Brlin, Verlag des Evangelischen Bundes 1937).

23

오직 그리스도로

"아무도 이미 놓은 기초이신 예수 그리스도 밖에 또 다른 기초를 놓을 수 없습니다"(Einen anderen Grund kann niemand legen außer dem, der gelegt ist, welcher ist Jesus Christus 고전 3:11)

비텐베르크에는 루터가 설교를 하던 교회당이 있다(1512-1546년 사이에 그는 2000번이 넘게 설교를 하였으니, 일년에 70번 정도 한 셈이다). 그 이름은 비텐베르크 시립교회(Stadtkirche St. Marien 성모 마리아 교회)이다. 이것은 세계최초의 개신교회이다. 이 교회당 제단에는 종교개혁제단(Der Reformationsaltar)이라는 아주 유명한 그림이 있다. 그것은 1547년 이래 지금까지 이 교회 제단을 굳건히 지키고 서 있다.

당시 화가 루카스 크라나흐가 1547년에 완성한 이 제단 그림에는 그 당시 종교개혁운동에 앞장섰던 마틴 루터와 그 아내 카타리나 폰 보라 및 딸, 멜랑히톤, 부겐하겐, 아버지 및 아들 크라나흐 등이 모델로 등장한다. 이 그림 앞쪽에는 맨 위에 '아무도 이미 놓은 기초이신 예수 그리스도 밖에 또 다른 기초를 놓을 수 없습니다(고전 3:11 표준)'라는 하나님 말씀이 팻말처럼 붙어 있고 그 아래로 네 가지 장면이 그려져 있다. 성만찬, 세례식, 속죄의식, 말씀선포.

크라나흐의 제단화

① 성만찬

　　모두 네 폭으로 된 이 그림에서 가장 크고 또 중심에 있는 그림은 성만찬을 거행하는 장면이다. 예수님을 비롯한 12명의 제자들이 둥근 식탁에 앉아 있다. 이것은 폐쇄적인 모임이 아니다. 이것이 거행되는 장소 자체가 개방되어 있다. 바깥세상이 한 눈에 들어오고 있다. 이 식탁에는 더 높거나 낮은 자도 없으며, 더 크거나 작은 자, 더 많이 가진 자나 더 적게 가진 자도 없다. 이 원탁에 둘러 있는 사람들 각자에게 다 자신의 말에 귀를 기울여 주는 사람이 있다. 여기에는 피곤한 사람, 묻는 사람, 깨어있는 사람 잠자는 사람 모두 다 같이 한 자리씩 차지하고 있다. 커다란 빵덩어리를 쪼개어 나누고 한 잔에 담긴 포도주를 돌려 마신다.

성만찬

　예수께서 '너희 가운데 한 사람이 나를 팔 것이다'고 말씀하시자 베드로는 손을 가슴에 얹으며 '내가 그 사람입니까'라고 물었다. 예수님 가슴에는 요한복음서에 '그가 사랑하는 제자'라고 불렸던 사람이 안겨 있다. 그는 예수님을 가슴에 품은 사람이었다.

　제자들이 입은 옷은 각각의 색깔로 각자의 개성을 나타내고 있다. 금고를 맡은 유다만이 두 가지 색깔의 옷을 입고 있다. 그의 발 하나가 이미 이 자리를 떠나려는 자세로 있는 것은 그가 하려는 일이 이미 결정되어 있음을 나타낸다.

　이 자리에서 가장 좋은 옷을 입은 사람이 가장 좋은 칭찬을 들은 사람이다. '너희 중에 누구든지 크고자 하는 사람은 남을 섬기는 사람이 되라'고 예수님이 말씀하셨다. 그 사람이 바로 아들 루카스 크라나흐이다. 그는 융커 요르크(루터)에게 잔을 가져다주고 있다. 마치 그 자리의 심부름꾼처럼. 이는 루터가 1521년 봐르트부르크 성에서 몰래 비텐베르크로 왔을 때 실제로 있었던 일이다. 그때 그는 이와 같은 일을 했다. 그 때 성만찬이 끝난 후 아들 크라나흐는 그 잔을 루터에게 반납하는 역할을 맡았던 것이다.

이렇게 그림의 중심에 성만찬 장면이 자리 잡게 된 데에는 루터의 생각이 반영되었다. 일찍이 루터는 말했다.

> 누구든지 제단 그림을 그릴 뜻이 있다면, 주의 만찬을 그리도록 해야 할 것이다
> (1530년, WA 31, 415).

② 세례식

이 그림 왼쪽 날개에는 유아세례(die Kindertaufe)를 베푸는 장면이 그려져 있다. 여기에는 멜랑히톤이 유아세례를 베푸는 것으로 되어 있다. 그는 신학을 공부하였지만 성직자 서품을 받지 않았다. 성직서품을 받지 않은 사람이 세례를 베푸는 이 장면을 놓고 다음과 같이 네 가지 해석이 서로 엇갈리고 있다.

① 어린 아이가 세례 받는 것에 비중을 크게 둔 크라나흐는 멜랑히톤이 서품을 받았는지 아닌지에 별 관심이 없었다.

② 세례라는 것은 평신도와 관계된 성례전이라는 점을 크라나흐가 강조한 것이다.

③ 흔히 독일의 스승이라 불리우는 멜랑히톤과 어린이의 관계를 크라나흐가 수복한 것이다.

④ 혹시 크라나흐가 멜랑히톤의 이름이 필립이라는 사실에 주목하고 있지 않

을까? 사도행전 8장에 보면,
예수님 제자 필립(빌립)이 에
디오피아의 장관에게 세례
를 주는 이야기가 나온다.

세례식을 집례하는 멜랑히톤
옆에 두 사람이 대부(Paten) 역할
을 하고 있다. 그 중 왼편에 있는
사람은 크라나흐 자신이다. 오른
편에 성경을 들고 있는 사람은
부겐하겐 목사이다. 이 그림 아래
쪽 정 가운데 아주 값진 모피 옷
을 입은 여인은 크라나흐의 부인으로 짐작된다. 그 부인이 이 그림에 등장하
게 된 데에는 이런 사연이 있다. 하루는 그 부인이 크라나흐의 작업실에 들
어와, 왜 자기를 그림 속에 한 번도 넣어주지 않느냐고 따졌다는 것이다. 그
래서 그는 자기 부인도 한번쯤 그림에 넣어 주겠다는 약속을 하고 바로 이
그림에 그 부인을 등장시킨 것이다. 그리고 어떤 이유인지는 몰라도 완전히
그녀의 뒷모습만 그려 넣었다.

③ 속죄의식

이 그림 오른쪽 날개에는 부겐하겐 목사(Johannes Bugenhagen 1485-1558)가 속
죄의식(die Beichte 고해성사)을 행하는 장면이 그려져 있다. 속죄의식을 위한 의
자에 앉아 있는 그는 세상에서 첫 번째로 개신교회가 된 이곳의 담임목사로

종교개혁운동에 적극 동참하였
으며 교구감독이었다. 루터는 그
를 가리켜 자신에게 속죄의식을
베푸는 영적인 아버지라고 불렀
다. 그는 루터와 카타리나 사이
에 중매를 서서 결혼을 성사시
킨 뒤 직접 주례를 맡았다. 1546
년 2월 루터를 이곳 궁정교회
(Schlosskirche)에 안장하는 하관예
배를 집례했다.

그림 속 부겐하겐의 손에는 천
국열쇠가 쥐어져 있다. 이것은
속죄의식을 상징할 뿐만 아니라 마태복음 16:19의 하늘나라의 문을 여는 천
국열쇠를 상징한다.

이 그림 왼편에는 옷차림으로 보아 상당한 지위에 있는 어떤 시민 하나가
경건하게 무릎을 꿇고 자신이 저지른 죄악을 고백하고 있다. 그에게는 죄로
부터 해방되는 은혜가 주어졌으며 하늘나라에 들어갈 길이 열린 것이다.

그림 오른편에 역시 옷차림으로 보아 상당한 위치에 있는 듯한 또 다른
사람은 이런 죄의 고백과 속죄의 의식을 필요로 하지 않는 듯이 보인다. 그
는 사람들에게 보이는 자신의 외모를 중요하게 여길 뿐만 아니라 자기 재산
을 믿는 사람이다. 그는 부겐하겐 목사 손에 쥐어진 열쇠에 등을 돌리고 있
다. 그의 두 손은 세상 것에 꽉 묶여 있다.

초기에는 루터도 이 속죄의식을 성례전 가운데 하나로 인정했다. 그가 비
판한 것은 이 속죄의식이 변죄부 판매와 맥을 같이하고 있다는 점이었다. 루
터보다 훨씬 후에 개신교회는 개개인에 대한 이 속죄의식(고해성사)을 성례전

목록에서 제외시켰다. 이 그림에서도 엿보이듯이 종교개혁가들은 이 속죄의식을 개개인의 차원에서 비밀리에 행하기보다는 성만찬을 행하면서 공개적으로 진행하였던 것이다.

④ 말씀선포

성만찬, 세례, 그리고 속죄의식이 그려진 그림 아래쪽 날개(die predella)에 루터가 설교하는 장면이 그려져 있다. 이 그림은 아주 널리 알려져 있다.

이 그림 왼쪽에는 그 당시 이 시립교회 교인들이 등장한다. 루터의 가족 – 카타리나 폰 보라의 무릎 위에 앉은 어린 소녀는 일찍 세상을 떠난 루터의 딸 막달레나인 듯하다. 벽에 가까운 쪽에 서 있는 수염이 긴 남성은 이 그림을 그린 당사자 곧 루카스 크라나흐이다. 그는 이 그림을 통해 자신이 개신교인임을 확실하게 드러내고자 했다.

설교를 하는 루터의 목에는 가늘고 붉은 칼라가 둘러져 있다. 그것은 추기경을 상징하는 색깔이다. 크라나흐는 이로써 루터를 개신교회의 대주교로 인정하고자 했던 것일까?

루터가 강단에서 '십자가의 말씀'을 전하고 회중들은 그에게 귀기울이며

성모 마리아 교회의 설교 강단

듣고 있다. 그는 한 손을 하나님 말씀인 성경 위에 올려놓고, 다른 한 손으로 십자가에 달리신 나사렛 예수님을 가리키고 있다. 십자가가 이 그림 정중앙

에 자리잡고 있다. 이는 십자가가 교회의 존재와 교회 안에서 일어나는 모든 일의 내용이자 기초라는 사실을 말해주는 것이다. 십자가에 달리신 분은 이 십자가로 종말을 고하지 않으셨다. 그 몸을 둘러쌌던 세마포가 풀려나가는 장면이 암시하듯이 그분은 다시 살아나셨다.

이 제단화는 루터의 십자가의 신학을 대변한다. 이 그림에 보면 루터는 설교를 하면서 한 손으로 십자가를 가리키고 있다. 그 자리에서 예배를 드리는 사람들은 루터가 가리키는 십자가를 같이 바라보고 있다. 인간 사회에서 일어나는 불의와 부조리를 보며 '나의 하나님, 나의 하나님 전쟁과 흉년, 질병 등 우리를 괴롭히는 일들이 생겼을 때 주님은 도대체 어디에 계셨습니까?'라고 묻는 사람들에게 루터는 바로 이 십자가를 가리키며 하나님께서 주시는 답변을 이렇게 전하는 것이다.

나는 바로 저기 저 십자가에 달려 있었고, 지금도 거기에 달려 있다. 나는 너희들을 위해, 너희들과 함께 십자가를 지고 있다. 그리고 너희를 위해 부활을 준비하고 있다.

인간이 저지르는 테러와 전쟁으로 죽음과 고통을 당하는 사람들과 함께 하나님의 아들은 지금도 십자가를 지고 고통 속에 계시다는 말이다. '십자가에 달리신 하나님' - 여기에 우리의 희망이 있고 우리의 구원이 있다. 그는 죽음의 세력을 이기시고 부활하셨기 때문이다.

만일 우리가 이 그림을 자세히 살펴본다면 이 그림의 배경이 교회 안의 일정한 공간 한 곳에 집중되어 있다는 것을 쉽게 알아차릴 수 있다. 이로써 이 그림은 전체적인 통일성과 외부로부터 단절된 공간성을 동시에 내포하고 있는 것이다.

이 그림이 루터와 크라나흐의 친밀한 관계에서 나왔더라도 이 그림에 미친 멜랑히톤의 영향력을 가볍게 보지 말아야 한다. 앞쪽에 있는 그림 네 장면이 1530년 6월 25일 아우크스부르크 제국의회에 그가 작성하여 제출한 개신교 신앙고백서(CA: confessio augustana 아우크스부르크 신앙고백서) 7조를 반영하고 있기 때문이다. 그 내용은 이렇다.

교회에 관하여 우리는 다음과 같이 가르칩니다. 언제나 거룩하고 하나인 그리스도 교회는 영원히 계속될 것입니다. 모든 믿는 이들의 모임인 교회에서는 복음이 순수하게 설교되고, 성례전들이 복음에 입각하여 바르게 집행됩니다. 그리고 그리스도 교회의 진정한 일치를 위해서는 하나님 말씀을 바탕으로 하여 복음을 가르치는 것과 성례전들을 집행하는 것에 대하여 일치하는 것으로 충분합니다. 인간의 전통 곧 인간이 만든 의식이나 예식이 어디서나 다 똑같아야 할 필요는 없습니다. '믿음도 하나이요 세례도 하나이요 하나님도 하나이시니 곧 만유의 아버지시라(엡 4:5-6)'고 사도 바울이 말한 것과 같습니다.

여러 정황으로 미루어 보건대 이 그림이 1530년대에 제작되었을 가능성이 농후하다(예를 들면 프랑스 루브르 박물관에는 루카스 크라나흐가 1536년에 그린 제단 그림이 있는 데 이것 역시 성만찬을 주제로 하고 있다).

이 제단화 왼쪽 아래에는 주후(AD) 1547년이라고 쓰여 있다. 보다 정확하게 말하자면 1547년 4월 24일이다. 이 날은 쉬말칼덴 전쟁(der schmalkaldischer Krieg 1546-1547)을 하던 선제후 요한 프리드리히(Kurfürst Johann Friedrich)가 뮐베르크에서 쉬말칼덴 동맹군과 함께 쓰디 쓴 패배를 당한 날이다. 이로써 그는 포로가 되어 왕위에서 쫓겨났다. 이제부터 비텐베르크는 더 이상 작센공국의 수도가 아닐 뿐만 아니라 그 누구에게서도 보호를 받지 못할 처지가 되었다. 다시 말해 비텐베르크에 있는 개신교 공동체의 앞날은 한치 앞을 내다볼 수 없을 만큼 캄캄해진 것이다.

바로 이런 상황에서 교회는 이 그림을 교회당 제단에 세웠다. 여기에는 그들이 믿는 고백하는 신앙이 들어 있다. 이 세상의 어떤 정치나 세력이 자신들의 존재를 지켜주는 것이 아니라 오직 하나님의 구원하시는 손길만이 자신을 보호할 수 있다는 신앙고백에 따라 그들은 이 제단 위에 자신들의 신앙고백을 요약하여 고린도전서 3장 11절을 기록하였던 것이다.

> 아무도 이미 놓은 기초이신 예수 그리스도 밖에 또 다른 기초를 놓을 수 없습니다(고전 3:11 표준새번역).

이 제단 그림 바로 뒤쪽에는 아들 크라나흐가 그린 그림이 있다. 이것은 오랫동안 공개되지 않고 있다가, 1883년에 수리를 한 후에 설치해 놓은 것이다. 이것 역시 네 장면으로 되어 있다. ① 부활하신 예수님이 이 그림 중심에 있고(승리의 깃발을 들고 계신 예수님이 사탄과 죽음을 관 속에 처박으신다) ② 그 왼쪽에 아브라함이 이삭을 제물로 드리는 장면(창 22장. 이것은 한편으로는 하나님의 어린 양으로 제물이 되신 예수님, 다른 한편으로는 타
락한 교회로부터 믿음과 순종으로 구원받
는 원리를 재발견한 루터를 상징한다), ③
그 오른편에 모세가 광야에서 구
리뱀을 만들어 장대에 걸어놓은
장면(민 21장. 이것은 한편으로는 세상을
구원하시는 예수님의 십자가를, 다른 한편
으로는 모세처럼 루터도 사람들을 노예생활에서 해방시키는 하나님의 도구가 되었음을 상징한다)
④ 그리고 아래쪽에 최후의 심판 때에 오른편에 있는 구원받은 자들과 왼편
에 있는 저주받은 자들의 모습(마 25:31 이하)이 그것이다.

24

루터는 누구인가?

머리가 일곱 개인 마틴 루터

루터를 연구하는 사람들은 각자 자기 나름대로의 루터 상을 만들어냈다. 우리가 루터에 관한 글들을 읽어보면 깜짝 놀랄 정도로 그 해석이 천차만별이다. 이것은 해석하는 사람이 사는 시대정신과 사회현상의 영향이 크다. 그들은 자신의 삶의 자리 및 자기 시대의 정신풍토에서 루터를 바라보았던 것이다.

루터의 이미지가 다양해진 또 다른 이유가 있다. 그것은 루터 자신에게서 나오는 것이다. 그는 정말 놀라울 정도로 다양하고 풍부하고 긴장감 넘치는 모습으로 살았을 뿐만 아니라 때로는 서로 모순되는 모습을 연출하기도 했다. 그때문에 사람들은 그의 인격과 생활에서 동질감도 적대감도 느끼는 것이다. 실제로 그는 많은 사람들의 의식 속에 살아 있다. 반(半) 천년 동안 사람들의 기억 속에 생생하게 살아있다.

루터가 누구냐고 묻는다면 오늘날에도 사람들은 자기가 생각하는 역사적인 반향과 현실 수용(또는 개혁)에 관해 먼저 고려할 것이다. 어느 시대에나 사람들은 지나간 시대의 위대한 인물을 자기 시대에 비추어 의미를 찾아가곤 하였다. 그 때문에 사람들이 말하는 루터에 관한 이미지는 늘 그 시대에 제약을 받았거나 일방적일 뿐만 아니라 '진짜 그래' 하는 물음이 생기게 하였다. 그래서 사람은 '시대의 아들'인가 보다. 사람들은 자기 자신의 고유한 문제와 자신의 관점 사이를 오락가락하며 살아가고 있다.

① 교회에서의 루터

루터는 루터 교회의 조상이다. 루터는 복음주의-루터 교회 안에서 늘 현재화되었다. 이에 루터는 그 자체로 의미를 갖기보다는 항상 로마-천주교회와의 관계 속에서 특별한 표상이 되었다. 루터 자신은 이를 별로 반기지 않았다. 그는 말했다.

> 사람들이 내 이름을 언급하거나 스스로 루터적이 아니다 라고 하는 대신에 그리스도인이라 칭했으면 한다. 루터가 무엇인가? 나의 가르침은 내 것이 아니다. 나는 누군가를 위해 십자가를 지지 않았다. … 냄새나는 … 같은 나인데 어찌 사람들이 내 이름으로 그리스도의 자녀라고 말할 수 있겠는가?

루터는 교회의 신앙고백서를 세 권 썼다. 《소교리 문답서》, 《대교리 문답서》 그리고 《쉬말칼덴 문서》가 그것이다. 그것들은 오늘날까지 '그의 이름을 딴 교회(루터 교회)'에 쓰이고 있다. 그밖에도 성경 번역과 찬송가 및 그의 생애에서 일어난 주요 사건들 곧 보름스에서 황제 칼 5세 앞에 선 일, 봐르트부르크 성에 머문 일, 두려움을 모르는 종교개혁 운동가 등의 이미지는 늘 새롭게 현재화되고 있다.

사람들이 널리 오해하는 것 중에 하나는 그가 복음주의 교회를 세웠다고 믿는 것이다. 교회의 초기부터 이미 루터를 종교적으로 존경하는 경향이 생겨났다. 어떤 사람은 그를 예언자 마치 엘리야가 다시 온 것처럼 받아들였다. 또 다른 이는 영원한 복음을 전해주는 천사로 보았다. 미술가들은 그를 종종 거룩한 후광을 입은 '거룩한 루터'로 묘사하곤 했다. 구체적인 내용에는 차이가 있어도 사람들은 그를 하나님께서 보내신 복음의 재발견자요 그리스도의 교회를 갱신하는 자로 믿었다. 이점에 관해서는 오늘날에도 분명하며 이에 이의를 다는 사람은 별로 없다.

루터의 이미지는 교회와 사회 안에서 다양하게 만들어졌다. 헤르더(J. G. Herder 1744 - 1803)의 말이다.

> 잠자는 거인 같았던 독일어가 깨어나 사람들의 생활에 접목되었다. 그는 어문학자로서도 손색이 없는 사람이었다…. 그는 종교개혁운동을 통해 하나의 민족이라는 의식과 감정을 고양시켰다(Fragmente. Von der neuern römischen Literatur. 1767; ; H. Bornkamm: Luther, 215).

> 루터는 세상과 싸우기 오래전부터 자기 자신과 싸워왔다. 그리고 공적인 생활과 외부환경에는 쇠같이 강하였는데 사적인 생활에서는 아주 부드럽고 말이 통하는 사람이었다. 남들이 생각하는 것보다 그는 자기 자신에게 충실했다(Vom Erkennen und Empfinden der menschlichen Seele, 1778. Sämtl. Werke: H. Bornkamm: Luther, 216).

루터를 이렇게 보는 것에는 위험이 따른다. 자칫 사람에게 지나친 영광을 돌리거나 종교적 영웅으로 숭상하게 될 위험이 있다는 말이다. 루터가 특별한 사명을 완수했다는 점은 분명하다. 동시에 그는 빈틈이 많은 사람이었다. 실수도 적지 않았다. 그의 가르침과 생활은 결코 완벽하지 않았다. 그도 자신이 완전하다고 주장한 적도 없다. 그는 우리 모두처럼 용서받을 필요가 있는 사람이며, 그의 가르침은 성경에 비추어 재조명되고, 만일 그럴 필요성이 입증된다면 교정되어만 한다. 설령 그렇다 하더라도 우리가 루터를 배척할 이유가 하나도 없다.

② 신학에서의 루터

17세기 개신교 정통주의는 바른 가르침을 추구했다. 이를 위해 그리스도교 신앙을 두껍고 체계적인 교과서에 담아냈다. 그 대표자들은 오늘날 지나친 학문성 때문에 웃음거리가 되거나 바른 신앙을 향한 완고한 고집 때문에 배척되기도 한다. 그러나 우리는 그들을 인정해주어야만 한다. 왜냐하면 그들은 밖으로는 반종교개혁운동 세력과 싸우는 30년 전쟁이라는 혹독한 시기에 살았으며, 안으로는 루터의 신앙을 성도들에게 가르치고 이해시켜야만 했기 때문이다.

칼 홀(Karl Holl, 1931-2017)

이를 위해 그들은 커다란 노력을 기울였으며 놀라울 정도로 영적인 힘을 발휘했다. 그들의 저작은 오늘날 우리가 흔히 생각하듯이 그렇게 무미건조한 것이 아니다. 물론 그것들은 루터의 글이나 설교처럼 생동감이 넘치지는 않는다. 그들의 글은 분명하고 확고하며 질서가 잡혀 있으며 체계적이다. 그리고 엄격한 규칙을 가르치는 것이 되었다.

그들의 위대함 안에도 그들의 한계가 들어 있다. 그들에게서 교회는 루터가 자기 시대에 그렇게 반대했던 스콜라주의로 되돌아가는 경험을 했다. 인간을 구원하는 가르침인 의인(義認)은 그들에게서 수많은 교리들 가운데 하나인 의인론으로 나타났다.

에어랑엔 학파가 19세기 새로운 루터 사상의 대변자였다. 대표자는 노이엔데텔라우의 빌헬름 뢰헤이다. 그들은 계몽주의 이후 시대에 루터를 새롭게 발견했다. 그들은 루터의 가르침을 모든 교회 모든 경우에 해당되는 '보편적인 것'이라고 강조했다. 흔히 말하는 신루터주의(Neuluthertum)는 교회 직제와 성만찬을 특히 강조하면서 루터 교회를 신앙고백의 중심에 놓았다. 그들은 루터를 기억나게 하고 자기 시대를 구원하겠다고 나서는 공을 세웠다.

20세기는 루터 르네상스 시대였다. 교회사가인 칼 홀이 그것을 이끌었다. 《교회역사에 관한 글 모음집》에서 그는 루터의 신학을 상세하게 다루었으며 1차 세계대전 뒤에 큰 반향을 일으켰다. 노이엔데텔라우에 신학대학을 세운 게오르그 메르츠도 이 일에 공헌했다.

③ 로마-천주교회가 보는 루터

루터에 관한 로마-천주교회의 시각은 거절과 존중 둘로 쫙 갈라진다. 루터에 대한 그들의 첫 번째 호칭은 변절한 수도사이다. 그리고 불순종하는 반역자, 서구 기독교를 쪼개놓은 자, 교황의 적, 이단자, 수녀와 바람나 교회를 망친 자 등 살벌한 칭호를 갖다붙였다.

1983년 루터 탄생 기념일에 로마-천주교회는 오래도록 해묵은 그들의 시각을 다음과 같이 정리했다. 1517년 로마로부터 떠남, 1717년 교회로부터 떠남(프리메이슨단의 결성), 1917년 결과적으로 하나님을 믿는 신앙으로부터 떠남(러시아의 10월 혁명). 이로써 루터는 타락의 원인을 제공한 자이며, 심판 역사의 출발로 규정되었다.

교황 요한 바오르 2세도 1995년 발표한 칙서(Ut unum sint = 우리가 하나 되기 위하여)에서 루터에 관해 우호적인 표현을 몇 마디 넣기는 했으나 기본적으로 위와 같은 시각에 변함이 없었다. 그는 '구원의 은총과 진리는 오직 로마-천주교회에만 담겨 있다. 그러므로 그것들은 오직 로마-천주교회 안에서만 발견할 수 있다'는 점을 분명히 했다. 루터와 종교개혁에 대한 이런 평가절하는 그 뒤로도 교황청에서 여러 차례 분명하고도 공개적으로 발표되었다(예: Dominus Iesus = 주 예수).

그런가 하면 천주교회 신학자들 중에는 루터를 그리스도인이요 신학자요 더 나아가 믿음의 아버지로까지 존중하는 사람도 있다. 헤르만 옷토 페쉬(H. O. Pesch)는 루터의 성경에 관한 깊은 이해와 믿음의 역동성을 인정했다. 그는 루터가 악의를 가지고 로마-천주교회에 대항했다기보다는 로마-천주교회 자신이 종교개혁의 빌미를 제공했다고 보았다. 물론 그들은 루터가 불순종의 한계선을 넘어섰으며 그리하지 않았으면 좋았을 것이라고 말한다. 그리고 루터의 행동을 열정이 지나친 것이거나 주관이 너무 강한 탓이라고도 했다.

④ 계몽주의자가 보는 루터

　일반적으로 말해서 계몽주의자들은 루터의 신학과 '죄인이 믿음으로 말미암아 의롭게 된다'는 믿음의 핵심을 꿰뚫어보지 못했다. 이는 아마도 계몽주의가 지닌 낙관주의 인간상에서 비롯된 듯하다. 이를테면 루소는 인간의 본성은 선하며 그에 걸맞은 교육을 통해 인간의 선한 본성을 조화롭게 키워나갈 수 있다고 했다. 왜냐하면 인간에게는 이성적인 통찰력을 실제 행동으로 뒷받침할 능력이 있기 때문이라는 것이다.

　그들에 따르면 예수님은 덕 있는 선생님(Tugendlehrer)이요 사람들에게 덕을 가르쳐주신 분이다. 이런 낙관적인 인간관에 따라 그들은 루터가 행한 죄인과 죄의식을 전혀 이해하지 못했다. 그러니 믿음으로 죄가 덮어진다(롬 3:25 참조)는 말이 그들에게는 낯설기만 했다. 인간은 죄인이 아니며 따라서 구속의

요한 볼프강 괴테(J. W. von goethe 1749-1832)

은총이 필요없다는 것이었다. 그러니 율법의 행위도 속죄의 은총도 당연히 무시되었다.

그들이 루터에게서 발견하는 긍정적인 면은 새로운 시대를 열었다는 점이다. 그가 로마와 중세교회에 대한 비판으로 편협한 교리에 갇힌 '중세의 암흑기'를 극복해냈다는 것이다. 교회가 덮어씌운 어둠을 몰아내고 모든 영역에 빛을 가져다주었다고 그들은 루터에게 감사하며 칭찬했다. 그들은 루터가 말한 그리스도인의 자유를 보며 인간의 자유 곧 영혼과 지식과 사상의 선포자라고 했다. 이런 뜻에서 루터는 계몽주의의 정신적 아버지로 받아들여졌다. 로마-천주교회가 그를 비난했던 바로 그 내용이 계몽주의자들에게는 긍정적인 내용으로 여겨졌다. 그들은 루터를 통해 스스로를 합리화할 뿐만 아니라 루터를 넘어서고자 했다.

요한 볼프강 괴테가 루터와 종교개혁운동에 관해 설명한 것에서도 이런 이중적인 태도가 엿보인다.

> 루터는 우리에게 매우 의미 있는 천재였다… 일반적으로 말해서 우리는 루터와 종교개혁에 대해 무어라고 감사해야 할지 잘 모른다. 우리는 영적으로 편협한 굴레에서 벗어났다. 원천으로 되돌아가고 순수한 그리스도교가 어떤 것인지를 알게 된 결과 문화적 진보를 이룰 수 있게 되었다. 우리는 하나님의 세계에 굳건히 설 용기를 갖게 되었고 하나님께서 주신 인간본성을 충만하게 할 수 있게 되었다. 이제는 정신문화가 항상 발전할 수 있으리라… 인간은 그리스도교적인 문화와 관습의 지배를 넘어서 마음껏 자신의 정신세계를 확장할 수 있다
>
> (Gespr. mit Eckermann, 17. Febr. 1832; H. Bornkamm: Luther, 218).

한편 괴테가 루터에 관해 긍정하는 내용은 그의 믿음이 아니라 루터라는 이름을 가진 한 개인에 국한된다. 괴테는 자신의 선을 아주 단호하게 그었다.

레씽(1729–1781)

'솔직히 말하자면 나는 종교개혁이 아니라 루터의 성격에 관심이 있다. 나는 사람들에게 감명을 주는 다른 일들에 관해서는 관심이 없다.'

계몽주의의 관점에서 루터를 바라보면 틀림없이 도전이 될 것이다. 그들이 루터를 정신적인 아버지로 받아들이는 것은 분명 정당하다. 레씽(Gotthold Ephraim Lessing)도 거기에 찬동한 사람들 중 한 사람이다. 그러나 그들이 강조하고 명세표를 붙이는 루터의 모습에는 많은 것들이 빠져 있다. 사실 루터에게는 계몽주의자들이 생각하는 것보다는 천주교회적이고 경건하며 교회 친화적이고 중세적인 요소들이 훨씬 더 많이 들어 있다. 이런 점에서 그들이 만들어낸 루터의 이미지는 과거의 인물에게 현재 자신의 사상을 이입시키는 대표적인 예가 될 것이다.

25

사는 시대, 보는 입장마다 달라지는
루터의 이미지

'그는 비방하기 좋아하는 싸움쟁이요, 증오심이 강한 자요, 피흘리기를 즐기는 자였다 … 나를 그를 좋아하지 않는다고 공개적으로 말할 수 있다.' 토마스 만은 어떻게 해서 루터에 대해 이런 끔찍한 결론을 내렸을까? 무슨 이유로 니체 같은 무신론자 심리학자 공산주의자들은 루터를 경멸했을까? 아래 글은 주로 라이너(H. Leiner)의 것을 참조했다.

① 민족주의자가 보는 루터

독일인의 민족적인 시각으로 볼 때 루터는 민족의 영웅이다. 그는 독일인을 사랑한 독일인이요, 전사(戰士)요 사도이자 복음주의자였다.

독일 역사학의 아버지라 불리는 랑케(1795-1886)는 《독일 역사》(F. L. von Ranke, Deutsche Geschichte im Zeitalter der Reformation, 6 Bde., Berlin 1839-1847)에서 종교개혁운동은 독일 역사의 열쇠가 되는 사건이라고 하면서 루터를 재평가

했다. 이런 시각은 독일제국이 성립된 1871년 이후에 일반적으로 받아들여졌다. 루터 탄생 400주년을 기념하는 1883년에 이런 루터상이 절정을 이루었다.

로젠베르크(A. Rosenberg 1893-1946)는 루터에게서 종교적인 모습보다는 독일적(게르만적)인 혁명의 화신으로 보았다. 그에게는 '게르만 민족의 저항적 성격'이 엿보인다는 것이다(Protestantische Rompilger, Der Verrat an Luther und der Mythos des 20. Jahrhunderts, München, 10. Aufl. 1937, 19).

이런 이미지는 남성의 강한 힘을 이상적으로 여기던 19세기의 풍조와 관련이 있다. 당시에는 민족주의 성향이 유럽 여러 나라에 풍미했다. 이럴 때 루터는 독일인 그 자체였다. 이것은 당시 사람들이 보편주의를 싫어하던 경향과도 맞아떨어진다. 그들은 루터를 교황절대주의와 프랑스에 반대하는 투사로 묘사했다. 그런 목소리가 여과 없이 루터에게 반영되었다.

여러 가지 오해가 이런 이미지에 덧칠되었다. 민족주의는 19세기 초에 싹텄다. 사실 루터에게는 '독일'이란 말이 아무런 의미가 없었다. 루터가 이 낱말을 쓸 때 대부분 자기가 사는 지역을 가리키는 용어였을 뿐이다. 그밖에는 온 세상 그리스도인을 보다 낫게 하기 위한 독일 민족의 사명을 이야기할 때였다.

더구나 그는 세상 종말을 내다보며 최후의 심판을 기대했다. 이런 그에게 민족의 희망이 차지할 자리는 없었다. 아마 루터가 언급하는 '독일'이란 낱말의 뜻은 찬송가 '깨어 일어나라 깨어 일어나라 독일이여 …'라는 가사가 어울릴 것이다.

더구나 루터에게는 자신의 이미지를 구축하기 위해 힘 자랑할 틈이 없었다. 그는 종교 개혁가로서 자신의 의지와 상관없이 하나님의 편에 서서 싸우는 자가 되었다. 그는 자신의 행하는 것에 따라 생겨나는 결과를 두려워하였으며 생애 내내 유혹과 양심의 가책에 시달렸다. 니체가 흔히 쓰는 말로 그는 '두려움에 떠는 독수리'였다. 그러므로 루터를 민족주의자로 보는 것은 편협할 뿐만 아니라 구시대의 유물이다.

② 사회주의자가 보는 루터

루터는 엥겔스(Fr. Engels)와 마르크스(K. Marx)에게도 영향을 끼쳤다. 옛 동독은 루터 유적지들이 자국 안에 있는 관계로 루터에 대해 관심을 가질 수밖에 없었다. 한편으로 그들은 루터를 인정하면서도 루터의 주요 기념일 행사를 치르지 않았다. 공산주의는 루터를 강하게 거부했다. 그것은 물론 루터 개인이 아니다. 그것은 종교 그 자체에 대한 거부였다. 그리고 하나님을 이 세상에 사는 인생의 중심으로 두는 것에 대한 거절이었다.

그들은 로마-천주교회에 반대하여 일어난 종교개혁을 세속화의 시작으로 보았다. 수도원의 개방과 폐쇄, 종교적 행위의 부분적인 폐지, 세상에서의 삶과 직업에 관한 가치 존중 등을 초기 시민혁명으로 인정했다. 이런 점에서 루터에 관한 긍정적인 평가도 있었으나 그것은 항상 토마스 뮌처보다 뒤처졌다.

또 다른 이유도 있다. 루터는 당시 영주들을 하나님의 종으로 인정했다. 루터가 자기 자신을 영주의 종으로 인정한 것도 그를 멀리하는 사유가 되었다. 이 부분에서 그들은 루터가 자신을 모든 사람의 종(하나님의 종)이라는 자아의식을 갖고 살았다는 사실에 눈을 감았다.

루터가 농민전쟁에 반대한 것을 놓고는 배신자라는 낙인을 찍었다. 그들에 따르면 복음주의 교회의 성립은 종교적 체제를 굳건히 한 것 그 이상도 이하도 아니었다. 그것은 인간을 위로하지 못하며 혁명에서 멀어지게 만든다는 것이다. 따라서 종교는 국민의 아편일 뿐이라고 했다.

그들의 이런 평가는 사회주의 체제가 무너지면서 자연히 시대에 뒤떨어진 낡은 사고방식이 되었다.

③ 심리학자가 보는 루터

몇몇 심리분석가들은 이렇게 묻는다. '루터는 영적인 환자였는가?' '그에게 노이로제가 있었는가?' '종교개혁운동은 정신병리학적인 뿌리를 갖고 있는 가?' '혹시 그것은 루터의 병적인 소심성 또는 아버지의 지나치게 엄격한 교육열로 인해 상처받은 데서 출발하지는 않는가?' '혹시 루터는 자기 아버지의 이미지를 하나님께로 이입시키지는 않았는가?' '그가 권위주의 콤플렉스에 시달렸는가?' 이를테면 에릭슨(Erik H. Erikson)이다.

루터를 향한 이런 물음들은 해명되어야만 한다. 물론 그 대답을 하기가 아주 어렵다. 심리분석 대상자가 이미 죽었고, 그가 남긴 글로만 그 여부를 판단해야 하기 때문이다. 루터가 받은 교육에 대해서는 당시 사회 일반의 교육체계와 교육관이 같이 검토될 수 있을 것이다.

루터가 가정과 학교에서 겪는 일들은 당시 모든 아이들이 겪는 일과 별로 다르지 않았을 것이다. 그렇다면 그들 모두가 다 외상을 앓았을까? 만일 루터가 예민한 성격을 타고나서 남보다 더 상처를 받았다면 그의 친구들이 그를 보며 어떻게 '활달하고 명랑한 아이'라고 쓸 수 있었을까?

수도원에서 살 때 그의 동료 수도사들이나 지도 신부는 그가 내적인 유혹에 시달리는 것을 쉽게 이해하지 못하였을지라도 그를 병자라고 여기지는 않았다. 만일 수도원 생활에서 그가 정신적인 질환을 앓았다면 그가 받은 사제서품이나 신학교수직을 어떻게 설명해야 할까? 또한 그가 행한 종교개혁운동은 자기 스스로 치유에 도달했다는 뜻으로 보아야 할까?

종교개혁운동은 그가 오랜 세월 동안 학구열을 가지고 연구하고 성경을 주석한데서 나온 결론이다. 루터에게는 어떤 경우에도 이것을 수행할 만한 능력이 있었다. 정신질환에 시달리는 사람들 중에 어느 누가 이렇게 장기간에 걸친 내적 외적으로 힘겨운 투쟁을 감내하며 끝마칠 수 있을까?

천 보를 양보해서 그에게 그런 것이 있었다고 치자. 그는 그것으로 고생을 하면서도 상처를 받으면서도 결국 당대의 건전하고 건강한 사람들과 동료가 되었다. 수도원에서 벌인 신앙적인 투쟁과 그 뒤에 이어지는 하나님 은총 안에서의 자유를 보면서 우리는 그의 심리나 행동을 병적인 것이라고 진단할 수 없다. 그 과정에서 그는 다른 사람들의 롤모델이 되었으며 다른 이들이 겪고 있는 문제들에 대답을 주며 살았기 때문이다.

④ 한 시민이자 가장인 루터의 이미지

루터가 한 여성의 남편이자 아이들의 아버지로서 쓴 글들에 주목해 보자. 루터는 개신교 목회자의 가정을 세운 사람이다. 그는 가족들과 둘러앉아 악기를 연주하고 노래를 부르기를 즐기는 음악 애호가였다. 어른은 물론 어린이가 부를 수 있는 찬송가들을 직접 작사 작곡했다. 손님이 오는 것을 좋아해서 그의 집에는 항상 손님이 들끓었다. 친구·동료·학생 멀고 가까운 곳에서 찾아온 이들로 늘 북적였다. 그들과 식탁에 둘러앉아 이야기하기를 좋아했다(식탁담화). 이 대화는 그들 사이의 친밀감을 더해주었다. 그 자리에서 맥주를 나누어 마시곤 했다.

그 자리에 참석했던 어떤 학생은 '포도주 아내 노래와 즐길 줄 모르는 사람은 평생 바보처럼 살 것이라고 루터 박사님이 말씀하셨다'라고 썼다. 혹자는 '… 작은 가방을 둘러맨 꼴이 루터 박사와 잘 어울린다'라고 한 괴테의 말

루터는 가족을 아끼는 사람이었다. '가족과 함께 지내는 루터의 어느 겨울'(Gustav König 1847년)

을 인용하기도 한다.

앞에 말한 모든 것이 다 부분적으로 루터의 이미지를 형성했다. 그는 인생의 맛을 즐길 줄 아는 사람이었다. 그 시대 사람들이 즐기며 사는 그의 모습을 여러 모양으로 전해주었다.

우리는 루터의 발자취를 찾아 비텐베르크로 보름스로 가 그 역사의 흔적을 더듬을 수도 있다. 결혼과 가정에 관해 언급

노래하는 루터의 가족들

한 그의 좋은 말들이나 황제 및 제국의회 또는 신학논쟁에서 오고간 대화를 찾아 그의 활동을 엿볼 수도 있다. 그의 질병에 의학적인 관심을 가질 수도 있다. 이런 것들이 다 가능하지만 그의 생활양식이나 음식 즐기던 것들을 빼놓고 이야기한다면 아마 루터의 활동도 제대로 알 수 없을 것이다.

⑤ 루터를 부정적으로 보는 사람들

루터가 한 행동과 쓴 글들은 목숨을 내놓고 한 것이다. 비교적 평온한 시대에 사는 우리는 아마 소용돌이치는 역사적 사건들 속에 살았던 루터를 제대로 이해할 수 없을 것이다. 그것이 루터의 성격과 활동의 방향에 적지 않은 영향을 미쳤다. 이런 이유로 독일 고전주의나 개신교 문화는 루터로부터 시작하기를 거북스러워한다. 오늘날 루터가 잊혀져가는 이유가 그 때문일까?

하나님 앞에 진지하고 하나님 주변을 맴돌았던 그의 모습이 오늘날 모든 것의 조화와 상대화를 지향하는 풍토와 어울리기 힘들다. 루터에게는 '모든 것이 다 괜찮다'는 말이 통하지 않았다.

프리드리히 니체는 종교개혁 교회와 신앙이 하나님의 죽음에 관한 지식을 방해하

Friedrich Nietsche (1844-1900)

며 감추려 한다고 루터를 비난했다. 그에 따르면 그것에서 우리는 다시 구출되어만 한다는 것이다. 하인리히 보른캄은 니체의 비판을 다음과 같이 요약했다.

'종교개혁이 교황권을 구출해주었다. 가톨릭주의는 루터의 공격을 통해서 전에 없던 새로운 종교로 거듭났다. … 르네상스의 물결 아래 매우 다행스럽게도 파괴되어가던 종교를 종교개혁운동이 되살려놓았다. 루터는 교회를 다시 붙들었고 이로 인해 교회가 다시 세워졌다.'(F. W. Nietzsche, Der Kritischen Studienausgabe 6, 251쪽)

Thomas Mann 기념우표

토마스 만도 루터를 향해 비판의 목소리를 쏟아놓으며 거부했다. 특히 1945년 이후부터 그랬다. 당시 그는 '루터는 독일인의 본질을 거대하게 재현했다. … 나는 그를 좋아하지 않는다고 공개적으로 말할 수 있다. 독일은 순수한 문화, 로마로부터의 분리, 반유럽주의적인 풍토로 소외되었다. 그리고 나를 두렵게 한다. 그리고 특히 루터적인 것, 성급함-무뢰함, 비

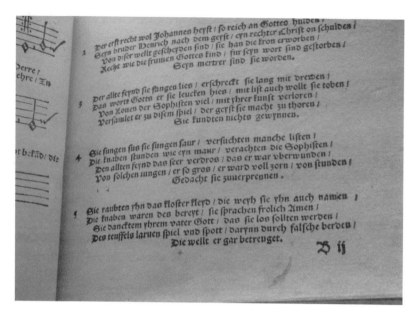

찬송가 작사 작곡자 루터

방, 침뱉기와 분노, 무서울 정도의 억셈 … 등은 나에게 본능적인 거부감을 불러일으킨다. 나는 루터의 식탁 초대에 응하지 않을 것이다. … 루터는 이런 사람이었다. 곧 그는 유럽의 신앙적 통일성을 해체시켰다. … 그는 무엇에 씌인 사람처럼 공격적이고 거친 독일인의 내적인 본성을 노출시켰다. 비방하기 좋아하는 싸움쟁이요, 증오심이 강한 자요, 피흘리기를 즐기는 자였다.(Mann, Deutschland und die Deutschen 320)'

토마스 만은 심리분석가들이 말하는 루터에 관한 부정적인 주장을 그대로 받아들였다. 물론 이것은 루터가 재발견했던 신앙적 확신의 본질을 무시한 것이다.

루디와 그 인격에 날카로운 각을 세웠던 토마스 만은 인생 말년이 다가올수록 자기에게도 은혜가 필요하다는 사실을 받아들였다. 괴테처럼 만도 루

루터 – 기도드리는 사람(루터의 기도서)

터에게 우호적으로 변해갔다. 괴테가 루터의 인격을 높이사면서도 그의 신학이 뒤죽박죽이라 했던 것과는 달리 만은 인간 루터를 되돌아보았다. 그리고 하나님으로부터 은혜의 선물을 깨달으며 루터와 같은 신앙의 중심으로 다가갔다.

⑥ 맺는 말

루터는 누구인가? 진실로 그의 신학에 바로 그의 존재의미가 있다. 그리스도인, 기도자, 설교가, 성경을 연구하는 자, 목회자, 경건한 신앙을 세우기 위한 신앙서적 집필자, 무게있고 위력적인 신학서적 저술가, 인생의 위기를 당할 때 그리스도를 믿고 고백하는 사람, 하나님께 순종하느라 세상에 반역한 사람. 그리고 그는 교회를 사랑하며 교회를 가르친 교사였다.

* 참고문헌

- H. Bornkamm, Luther im Spiegel der deutschen Geistesgeschichte, V&R, Göttingen, 1955

- E. H. Erikson(Trans. Johanna Schiche), Der junge Martin Luther. Eine pszcho-analzstische und historische Studie, Suhrkamp, 1975.

- W. Elliger, Aussenseiter der Reformation: Thomas Müntzer, Göttingen, V&R, 1975.

- Stadt Stolberg(Harz), Thomas Müntzer.

- H. Diwald, Luther. Eine Biographie, Gustav Lübbe Verlag, 1982.

- M. Gretzschel u. a., Auf Martion Luthers Spuren. Eine Bildreise, Ellert & Richter Verlag, Hamburg, 1992.

- J. Hanselmann u. a., Matin Luther Lebensworte, Quell Verlag, Stuttgart., 1983.

- S. Kaps. u. a., Auf den Strassen der Reformation. Orte lebendiger Vergan-genheit, Mitteldeutscher Verlag, 1994.

- W. Hoffmann, Luther. Ein praktischer Resieführer zu den bedeutendsten Wirkungsstätten des Reformators in Deutchland, Schmidt Buch Verlag, 1995.

- A. Zitelmann, "Widerrufen kann ich nicht" Die Lebensgeschichte des Martin Luther, Belitz & Gelberg, 19957

- J. H. Brinks, Einige Überlegungen zur politischen Instrumentalisierung Martin Luthers durch die deutsche Historiographie im neunzehnten und zwanzigsten Jahrhundert, Zeitgeschichte, 22. Jahrgang, Juli/August ,Wien 1995, Heft 7/8, S. 233-248.

- A. E. McGrath, Iustitia Dei: A History of the Christian Doctrine of Justification, Cambridge University Press, 1998.

- V. Joestel(이재천 옮김), Martin Luther Rebell und Reformator, Drei Kastanien Verlag, 2003. (종교개혁열전: 마르틴 루터, ITS, 2017)

- K. Aland(Hg.), Martin Luther. Gesammelte Werke(CD-Rom. Die digitale Bibliothek), V&R, Göttingen.

- H. Leiner, Luther 1-42, Sonntagsblatt Archiv, 2007-2008.
  (http://www.sonntagsblatt.de/)

- F. Bomski, Bild und Bekenntnis. Die Cranach-Werkstatt in Weimar, Wallstein Verlag, 2015.

거위에서 나온 백조 한 마리

마틴 루터의 시간을 거닐기

초판 1쇄 발행 _ 2017년 8월 20일
초판 2쇄 발행 _ 2017년 9월 13일

지은이 _ 정현진

펴낸곳 _ 바이북스
펴낸이 _ 윤옥초
편집팀 _ 김태윤
디자인팀 _ 이정은, 이민영

ISBN _ 979-11-5877-029-7 03230

등록 _ 2005. 7. 12 | 제 313-2005-000148호

서울시 영등포구 선유로49길 23 아이에스비즈타워2차 1005호
편집 02)333-0812 | 마케팅 02)333-9918 | 팩스 02)333-9960
이메일 postmaster@bybooks.co.kr
홈페이지 www.bybooks.co.kr

책값은 뒤표지에 있습니다.

책으로 아름다운 세상을 만듭니다. — 바이북스

* 바이북스 플러스는 기독교 신앙의 본질을 담아내려는 글을 선별하여 출판하는 브랜드입니다.